JN081542

Iconic Camping Gear

キャンプの名品哲学

キャンパーに愛されるマストバイアイテム 11 点の誕生秘話

CAMP LIFE 編集部 編／山と渓谷社

はじめに

　キャンプの楽しみのひとつに「キャンプ道具を使うこと」があると思います。日常の道具とは違って、自然の中でこそ力を発揮する道具たちを駆使して、自身の理想のキャンプを追求する。この理想にゴールがないことで、キャンプはとんでもなく深い"沼"とも評されおそれられているのですが……。

　ただし沼にハマっていると、不意に買い替えることのない一生モノの道具との出会いもあります。自分のキャンプスタイルと商品のコンセプトの歯車ががっちり噛み合う感覚は、脳内に幸せホルモンが分泌されたかのよう。自分の目利きで選りすぐった道具で設えられた環境に身を置き、自分の思い描いたキャンプを楽しむ。これもまたキャンプの醍醐味なのです。

　すべてのキャンプ道具がそっくり誰かと同じになることはあり得ないことですが、グループでキャンプをしたときなどに、ある道具がかぶることも少なくありません。一生モノの道具は人によってさまざまですが、多くのキャンパーに支持される「名品」があるのも確かです。

本書では、そんな「名品」をいくつかピックアップし、名品が名品たる所以、その誕生秘話などを探っています。取材を通していくつか共通点が見えてきました。それは、名品の多くは価格が適正以下に感じられ、多くのユーザーがコスパがいいと感じている点。そして、道具としての役割を果たすためのデザインはシンプルながら、ユーザーの使い方には幅がある点。多かれ少なかれ、キャンプの名品にはこうした要素が含まれている傾向があるようです。

　道具を作り手の意図どおりに使うことよりも、思いがけない使い方を編み出したいのもキャンパーの性ですよね。名品の多くはそうした「あそび」をユーザーに与えてくれていると感じられます。

　本書がキャンプ沼真っただ中の初中級者キャンパーの道具選びの手助けとなれば幸いです。また、これから自身でガレージブランドを立ち上げてみたいと思っている人にとって、商品開発やマーケティングのための資料となれることを願います。

キャンプライフ編集部

CONETENTS

※本書は、2022~2023年に弊社より発行した『CAMP LIFE』から、内容を一部再編集して掲載しています。

ogawa / Owner Lodge Type 78R

tent-Mark DESIGNS / CIRCUS TC

PAAGOWORKS / NINJA TARP

UNIFLAME / TAKIBI TABLE

Helinox / Chair One

SOTO / ST-310 REGULATOR STOVE

TRANGIA / MESSTIN

LODGE / 10 INCH/5 QUART DEEP CAMP DUTCH OVEN

MONORAL / WIREFLAME

GRIP SWANY / G-1

Morakniv / COMPANION

オガワ
オーナーロッジ タイプ78R

ogawa / Owner Lodge Type 78R

Iconic Camping Gear

1

60年以上の歴史を誇るフラッグシップモデルの新型「オーナーロッジタイプ78R」をリリースした「ogawa」。ロッジ型へのこだわりと、幅広いラインナップを両立させるテントブランドの矜持は、世代が変わっても脈々と受け継がれている。根強いファンを惹きつけてやまない「ogawa」ブランドを守り続けるテントづくりの極意はどこにあるのか。代表の伊川良雄さんに詳しくうかがった。

ogawaの人気モデルのひとつ「ファシル」。ツールームテントで、設営場所に合わせてインナーテントをどちらにも取り付けられる。全方向フルメッシュになっている。サイズのちょうどよさで高評価を得ている。

ロッジ型にこだわり続ける
ogawa ブランドの矜持

　1983年に発売された「オーナーロッジタイプ78」が40年ぶりにリニューアルされ、「タイプ78R」となった。オーナーロッジシリーズといえば、ogawaのロゴのモチーフにもなっているほどの同社のアイデンティティを担うフラッグシップ的な存在だ。今日のキャンプシーンでは、軽量で組み立てが容易なドーム型テントが主流になるなかで、それでもなおロッジ型テントを主軸に据える商品戦略にどのような意図があるのか、創業から110年を迎える老舗アウトドアブランド

「ogawa」を率いる、キャンパルジャパン株式会社代表の伊川良雄氏にお話をうかがった。
「やはりもともとがロッジ型テントのメーカーだったというのが大きいと思います。製品ラインナップにはドーム型テントもありますが、ロッジ型はわれわれの基本、軸みたいなものだと思っています。ロッジ型のシルエットは弊社ロゴにも使っていますし、直営店の店名「ogawa GRAND lodge」もロッジテントを意識してネーミングしていますので、大きなこだわりをもってやらせてもらっています。いまロッジ型は6種類のラインナップがありますが、ogawaの基幹モデルとして考えています。もちろんユーザーニーズに応えられる

ように、いろいろなタイプのテントを作って
いく方針はあります。その中で出てくるノウ
ハウをロッジ型にもどんどんフィードバック
して、使いやすさや設営のしやすさなど、さま
ざまに改良をしています」

　設営しやすいといわれるドーム型テントで
も、大型になると非常に高いテンションをか
ける必要があり、設営の難易度が高まるもの
だが、もともとが大型のロッジ型は脚を折り
たたんだ状態でフライシートをかぶせること
ができ、設営のしやすさに優位性がある。ただ
し、収納時に寸法がかさんでしまうのはいか
んともし難く、そこは設営時の高い居住性と
のどちらを取るのか、お客さまの選択に委ね
るしかないという。

伊川（以下、伊）「価格については、2019年に
コンパクトな『タイプ52R』をリリースしたと
ころ予想以上の売れ行きがあり、幅広い層に
ロッジ型のメリットを伝えることができたの

最新型の「オーナーロッジタイプ78R」。Rはリニュー
アルの頭文字である。吊り下げ式のインナーテント方
式なので、テントとしてもシェルターとしても使用で
きる。両サイド、背面のサイドウォールは張り出して
空間を拡張できる。ロッジ型はテントとしては大型だ
が、設営しやすい構造になっている。

ではないかと思っています。それから他社の
製品でもハイエンドのモデルが登場して、
ロッジ型の価格帯にもお客さまの理解が及ん
でくれたところはありがたくもあります。価
格を理由に選択肢から弾かれてしまうのは開
発者としては無念でしたから」

キャラバルジャパン株式会社 代表取締
役伊川良雄氏。品質管理から営業、営業
所長を経て、部門の独立や社名変更を経
験してのち代表に就任した。道具少なめ
のシンプルなキャンプが好き。

東京・八丁堀で大正初期に開業した小川治兵衛商店。軍向けの天幕やザックなどを製造して納めていた。その後、小川テント株式会社となる。分社化や社名変更は経たが、1914年の創業から110年を迎える「百年ブランド」である。

創業1914年
ogawaブランドを守り続けて110年

　ogawaのルーツは、1914年（大正3年）東京八丁堀で開業した「小川治兵衛商店」に遡る。戦後に「小川テント株式会社」となり、日本のキャンプシーンを牽引。また、テント以外のアウトドア用品も手掛けるようになった。2000年（平成12年）には、アウトドアレジャー用テント専門メーカーとして「小川キャンパル株式会社」が分社・独立。2015年（平成27年）に「キャンパルジャパン株式会社」と改称して現在に至っている。社名からは「小川」はなくなったが、ブランドとしては継続している。

　伊「小川治兵衛が創業したころは、軍用の天幕やザックなどを製造していたそうです。戦後はリュックサックの製造販売を始め、その後創設された自衛隊に軍幕などを含めた各種装備品を納めています。その後、1960年ぐらいからレジャー向けの製品を作るようになっていきます。当時の社長がヨーロッパなどをまわり、現地で先進のキャンプ文化に触れてきました。ロッジ型テントを見て、これは日本でも流行るのではないかと思ったそうです。そのスタイルを取り入れて、国内向けの仕様にアレンジしながら製品化しました」

　それまで帆布で作られていたテントから、50年代に普及が進んだ新素材ビニロンを採用して新世代テントに進化させた「ビニロン・キャンプテント」を1955年（昭和30年）に海外向けに発売させ、1960年（昭和35年）にはついに和製ロッジ型テントのパイオニア「オーナーロッジ」の開発に成功。翌年には販売を開始している。これは日本において、単なる野営のためのテントから、アウトドアレジャーのためのテントへと革命が起こった瞬間といえるだろう。オーナーロッジが、その後

日本初のロッジ型テント「オーナーロッジ第1号」。当時まだ未発達だった市民のレジャーを楽しく盛り上げるべく、黄・青・緑とカラフルなカラーリングだった。いま見てもファンシーな佇まいである。

昭和中期の製品カタログ。キャンプ用というよりも、イベント用などの用途に向けた大型のテントをラインナップしていた。

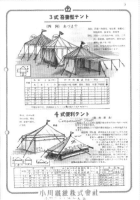

わが国でキャンプというレジャーが発展していく起爆剤となったことは間違いない。

伊「当時のことは社内の人間でも覚えている人がほとんどいなくて、年配の社員に聞いてもわからないことが多いんですが、当時のカタログは残っています。そのころは輸出もけっこうやっていたと聞いています。国内市場は発展途上なので、海外に販路を求めてのことでしょう。当時はビニロンなどの新素材は革新的でしたが、頑丈な分、重量がかさむのが難点ではありました。実はいまでも受注生産で作っています。公営の大きなキャンプ施

海外向け軍用品カタログ。国内需要がまだ多くない時代は、海外輸出が主力であった。民間向けの商品もアウトドアショップや量販店に卸していたという。

設などで使っていただいています。デッキなんかの上に設営する、常設用のものという感じですね。オーナーロッジができたころはまだ日本は旅行自体がぜいたくな時代でしたから、あえてキャンプをやる人は本当に少なかったと思います。そこにヨーロッパで見てきたロッジ型テントを送り込んだのですから、相当先見の明があったのかなという感じですね。ちょっと早すぎたかな？とは思いますが（笑）」

　1960年代後半（昭和40年代）になると、小川テントを中心に業界団体が創設されるようになる。1966年「日本キャンプ協会」、1969年「社団法人・日本オートキャンプ協会」などがつくられ、国内キャンプ用品市場の開拓が本格化していくこととなる。

伊「テント以外にもキャンプの周辺アイテムをレジャー用品部で開発・販売していました。寝袋やチェア、テーブルなどの細々としたものです。その後はスキーウェアなんかも手掛けていました。私が入社したのもそのころですね。あの頃はアウトドアといえば夏のレジャーで、冬は何も売るものがなかった。いまは焚き火台や薪ストーブもできてオールシーズンで展開されています。そもそも営業職希望で入社したのですが、当初は品質管理部でいろいろな商品のチェックをしていました。あのころは江東区門前仲町に本社と工場があって。アンテナショップもあったんですよ。まだ量販店の扱いがなかった時代のことです。その後オーナーロッジも進化して、レジャー市場も育ってキャンプ文化も定着していくわけですが、2000年に小川テントの各部門を分社・独立させてそれぞれでやっていこうということになりました。レジャー部門が「小川キャンパル」になったのもそのときです。その後「キャンパルジャパン」になり今に至ります」

ogawaの「みんなで喜ぶ」テントづくり体制

　フラッグシップモデルである「オーナーロッジ」シリーズのほかにも、ティエラ、アポロン、ステイシー、ヴィガスなどまったく異なる構造の各種テントをリリースするogawa。歴代のテントを見ても、ピルツやグロッケ、アポロンといった、多彩なアイデアが盛り込まれたいくつもの商品群をどのような開発体制で行なっているのか詳しく聞いた。

伊「うちには商品企画のみの部署はなくて、営業から広報から直営店のスタッフも含めてアイデアを募集しています。そこには私も入っているわけですが、どういうテントを作りたいかという意見を集めて、次の年の商品を企画するという形でやっています。どういうコンセプトの商品を作りたいか、継続品のどこをどう改良して、どんな商品にしたらいいかなどざっくり意見を集めて、そこから実際に開発を進めるスタッフを社内から選抜します。内外の協力工場に手伝ってもらいながらサンプルを作り、それをたたき台にして練り上げていきます。サンプルは3回ぐらいは作り直して、おおよそ1年ぐらいかけて新商品を作り上げるという形でやっていますね。商品開発専門の部署があるわけではないので、会社の全員に責任があるという感覚でやっています。専門部署だけでやっていると、売れないものが出たときに、そこの責任になってしまいますから、営業も広報も直営店スタッフもみんな交えて一緒に良いものを作っていこうという意識をもって取り組んでいます。売れたときは誰の手柄なのか的なことはありますが、そこはみんなで喜びましょうという（笑）。

　新商品の開発は、まず企画立案されたテントを何度かの会議を経てふるいにかけていき選抜します。最初は立案者の企画という感覚

ファミリーキャンプ向けの
ゆったりサイズ「ティエララ
ルゴ」。メッシュパネルの配
置や、手触りの心地よいイン
ナー素材で、高い居住性を誇
る。インナーテントは吊り下
げ式。

トンネル型の「アポロン」の
構造を継承するコンパクトタ
イプの「アポロンS」。シンプ
ルな構造で設営しやすいのが
特長である。インナーテント
は前後どちらでも吊り下げで
き、レイアウトの自由度が高
い。

ソロキャンパーに人気の「ス
テイシー」に、ユーザーから
熱望の声が多かったスカート
を装備したモデルが「ステイ
シーファルダ」だ。前室をフ
ルオープンにでき、開放感の
あるキャンプライフを堪能で
きる。

少人数向けテントの人気モ
デル「ヴィガス」をさらに進
化させて登場した「ヴィガス
II」。後ろ側にもメッシュを
採用して、フルオープンで快
適に過ごせるようになった。

クルマの側面に取り付けるカータープ、「カーサイドシェルターⅡ」。フレームが2本の構造で、設営しやすい。オートキャンプで活躍するのはもちろんだが、近年は災害時の用途も注目されている。

はあっても、その後の開発の過程ではいろいろな人のアイデアをどんどん結集していきますから、完成するころにはみんなで作り上げたものという感じになっていきます。例えばアポロンもフロアを大きくしたいというアイデアから始まったんですが、工場の人と協力するなかで出来上がったもの。商品名もみんなでアイデアを出し合って決めていき、発売する段階ではもうみんなのものになっているという、そんな感じなんです。アポロンのネーミングの由来の『弓』は、ギリシャ神話の弓使い「アポローン」の太陽、光明の神からですが、企画もデザインもネーミングも社員みんなで創っていくのがogawaなんです。

「テントメーカー」として
あらゆるニーズに応えたい

アウトドア製品全般にラインナップを広げるogawaだが、その軸足はいまでもテントに

あるという。キャンプ用品の主役的な存在であるテントへの情熱は並々ならぬものを感じた。ユーザーのライフスタイルが変化しても、これからもテントがキャンプシーンを牽引する役目を担っていくだろう。ogawaはこれからどんなテントをどのように作っていくのだろうか。

伊「サイズと価格、お客さまのニーズをマトリクスにすることはよくやっています。うちの製品はもちろん他社のものも含めて。でも現状でもすでに網羅されているんですよ。逆にありすぎて削ったほうがいいのかなというくらい。テントメーカーなのでなるべくいろいろなモデルをラインナップしておきたいというのはあるんですが、ニッチなところもすでに埋まっているという感じで、隙間があるところはどうにもニーズがないところだったりするわけです。値段が高いのに小さいテントなんて、あまりニーズがないじゃないですか。何十万円もする1人用テントなんてなかなか売れるものではないですよね。そうなるとい

ま売れているものを配置したマトリクスって
ものは、うまく均等に並んでいて、売れるもの
というのは自然なラインになるものだなと思
います。例えばファシルという中型テントな
んですが、このサイズはとても多くの方に気
に入っていただけたんですね。今は少人数の
ファミリーユーザーが多いからだと思います。
ファシル人気にあやかってもう少しゆったり
させたファシルLを企画したのですが、これは
うまくいかなかった。構造とサイズのバラン
スが少し変わるだけで、評価が大きく変わっ
てしまう。こういうことはけっこうあります。
ヴィガスのサイズアップしたモデルなんかも
サンプルまでは作ったんですが、バランスが
よくないということで中止しました。大きく
しただけなのですが。難しいなと思って開発
しています (笑)。

ユーザーニーズを直接つかんで
新時代のテントを模索し続けたい

　ogawaのテント開発は、ユーザーの生の声
を的確に拾って、ダイレクトに反映させてい

ることが多いという。直営店や直営キャンプ
場などユーザーとの接点の構築に積極的な、
ダイレクトマーケティング戦略についても聞
いてみたい。

伊「たとえば、ヴィガスの裏面にはメッシュは
付けていなかったんです。でも『どうしても
メッシュにしてほしい』というお客さまの声
がとても多かった。それで2代目モデルから
はメッシュを付けることにしました。ステイ
シーもスカートのニーズが高かったのでス
カート付きの「ステイシーファルダ」というモ
デルを作りました。オーナーロッジに付けた
ひさしもお客さまの声を聞いての改良点です。

　こんなモデルを出してほしいというより、
いまあるモデルのここをこうしてほしいと
いった改良に関するご意見のほうが多いよう
に思います。またヴィガスの話になりますが、
ヴィガスを発売した際、お客さまの声で『サイ
ドウォールをつけてくれ』というものが多
かったので、サイドウォールを付けたヴィガ
スⅡを出したら、さらに爆発的に売れてくれ
たんですね。こんなに伸びるものかと驚きま
した。

　そういうこともあって、われわれにはお客

学校や自治体でよく見る「集会用テント」。ogawaのも
のが多いのは広く知られていることだ。最初にogawa
ブランドを知ったのがコレという人も多いのでは。

「エアフレームテントセット」。フレームがエアチュー
ブになっていて付属のエアーポンプで膨らませるだけ
で設営できる。インナーテントは吊り下げ式。7人用
で、ベッド使用でも4人用として使用できる。

直営のアウトドアストア「ogawa GRAND lodge」は
メーカーとユーザーが直接触れ合える空間だ。新製
品情報の提供を受けたり、実際に触って使い勝手を
確かめることができる。

さまと直接やりとりできる場所が必要だというこ
うことになるわけです。2016年に新木場に
直営店をオープンし、気軽に商品の感想をお
伝えいただける場所ができました。会社とし
ては、紆余曲折あったわけですが、それでも
『ogawaが好き』と思い続けてくださるお客
さまがいて、直営店を続けることで、触れ合う
機会が増えるのは、われわれにとってもあり
がたいことなんです。直営店の名前を考える
とき、やっぱりうちの原点はロッジテントだ
なということで『ogawa GRAND lodge』に
したわけなんですが、今後もお客さまと接す
ることでスタッフも育ちますし、どんどん社員
の質を上げていきたいと思っています。うち
は社員全員で商品開発をしているので、お客
さまとつながればつながるほど、ogawaのテン
トは進化していくんだと、そう考えていま
す。また、海外からのオファーも増えているの
で、グローバルなお客さまの意見をどんどん
取り込んでさらに進化させたいですね」

「GRAND lodge FIELD」は千葉県柏市にある直営の
キャンプ場だ。元ゴルフ場の広大なエリアで、ogawa
のテントやタープを存分に味わうことができる（レン
タルあり・寝具以外）。

テンマクデザイン
サーカスTC

tent-Mark DESIGNS / CIRCUS TC

キャンプを楽しく、便利なものにしてくれ
る数々のギアたち。数多くある道具のなか
から自分好みの道具を選び抜き、使いこな
すのもまたキャンプの楽しみだが、圧倒的
に多くのキャンパーに支持される名品がい
くつかある。ワンポールテントで絶大な人
気を誇る、テンマクデザインのサーカスTC
もそのひとつ。テンマクデザインの立ち
上げから携わる、WILD-1の商品開発
の責任者である根本さんに、誕生秘
話を教えてもらった。

Iconic Camping Gear

2

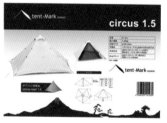

テンマクデザインの最初期の
テント「サーカス」。登山での
宴会幕としての使用を想定し
て作られたが、時代の先を行
きすぎていたのか、発売当初
は苦戦を強いられたという。
サーカスTCのプロトタイプ
(原型)ともいえる。

サーカスTC誕生前夜
焚き火タープの開発話

　栃木県を拠点にホームセンターや専門店を
展開する株式会社カンセキから、1984年に
誕生したアウトドアライフストア「WILD-1
(ワイルドワン)」。関東を中心に全国に24店
舗を展開するストアがプロデュースするプラ
イベートブランドが「tent-Mark DESIGNS
(テンマクデザイン)」だ。
　テンマクデザインがスタートしたのは

2010年のこと。日本のアウトドアライフが
さらに豊かになるように、また、ワイルドワン
の店舗が近くにないお客さまにも適正な価格
で商品をお届けしたいとの想いから立ち上げ
たのが、プライベートブランドであるテンマ
クデザインとそのオンラインショップだ。本
当に必要とされるアイテムを自分たちで手掛
け、今では300を超える商品数を展開してい
るという。
　また、テンマクデザインといえば、アウトド
アシーンを生業にする専門家とのコラボアイ

テムを多くリリースしていることでも知られている。今では30名ほどコラボレーターがいるのだが、実はサーカスTC誕生のきっかけは、2人目のコラボレーターである、堀田貴之氏とのコラボで生まれたムササビウイングにまで遡る。

根本（以下、根）「堀田氏が以前、個人的に数十張だけ生産して販売したという幻のタープがあったんです。それを『ムササビウイング13ft.SilNY"山旅"version』として復刻させました。サイズ感はオリジナルのままに、素材や収納ケースに改良を加えて出しました。この開発途中、私物のコットン混紡素材のマウンテンパーカーを手にしたとき、この様な素材でムササビウイングを作れば、焚き火に強いタープになるのではと思いついたんです。堀田さんにも相談し並行して開発を進め、同サイズで素材違いの『ムササビウイング13ft.TC"焚き火"version』を同時にリリースすることになりました」

　タープといえば、本来、野外で雨を避けるために張るものだ。TC素材（コットンとポリエステルの混紡生地）はタープに防水性を持たせるためのポリウレタンコーティング加工はされておらず、コットン繊維が水を含むと膨らみ、織り目が詰まることにより防水性を確保している。焚き火の火の粉にも強く、雨にも強い焚き火バージョンは山旅バージョン以上にヒットしたという。

発売すれば完売する
サーカスTCの誕生

　ムササビウイング焚き火バージョンの成功を受け、テンマクデザインでTC素材を使ったテントの開発が始まる。

　ただ、実はプロトタイプはすでにあった。正確にはプロトタイプではなく、テンマクデザインの初期の商品で、「サーカス（P20）」というテントのことだ。シルナイロン製で同じ五角形のワンポールテントだが、キャンプでは

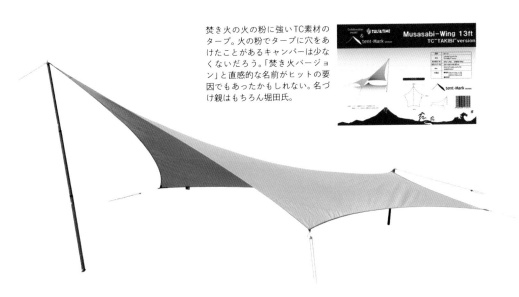

焚き火の火の粉に強いTC素材のタープ。火の粉でタープに穴をあけたことがあるキャンパーは少なくないだろう。「焚き火バージョン」と直感的な名前がヒットの要因でもあったかもしれない。名づけ親はもちろん堀田氏。

左がレギュラーサイズのサーカスTC。並べると小さく見えるかもしれないが、1〜2人のキャンプでは充分なサイズだ。真ん中のサーカスTC MID+は、レギュラーサイズと設営の手間などがほぼ変わらないながら、より広い室内空間が得られるため人気が高まっている。右のBIGサイズはファミリーキャンプにも対応できる広さがある。全サイズ持っているというサーカスファンもいるそうだ。

発売初年度のパッケージデザイン。発売後に注意書が追加されている。問い合わせの数だけ、細かな点でアップデートが繰り返されているのだ。

テントを張りたい場所の中心に五角形の布の中心を合わせてペグで固定。そこから専用のガイドを五角形の頂点の先へ伸ばして、その箇所でペグダウンすると、おのずと幕体のペグを固定する箇所になる。

なく登山シーンを想定して作られた。仲間たちとテント泊登山をする際、天気が悪いと共に食事を楽しむことができない。そんなときに活躍するテントだ。頂点に換気用の隙間があり、その形状はまるで舞台興行のサーカスのテントのようだ。

はじめはサーカスのサイズ感をそのままに、素材をTCに変更しただけのものを作ったが、収納時のサイズ感のわりに軽くもなく、室内も腰をかがまないと立っていられないなど、キャンプで使うにはちょっとぼやけたテントになっていたという。そのため、最終的なサイ

ズを決めるまでには少し苦労したのだとか。

根「自分でもキャンプをしていて、当時、コットを使う機会が多くなっていたんです。世の中的にもコットがじわじわきている時代だったと思います。土間にしてコットで寝るのがめちゃくちゃ便利だったんですよね。サーカスTCのサイズ検討をしているとき、試作品にコットを入れる瞬間か何かに急にひらめいて、その場でサイズを口頭で伝えてメモってもらったものが今のサーカスTCのサイズになっているんです」

　キャンプといえばファミリーキャンプが主流だったが、ソロやデュオでキャンプをする人が増えてきていた。ソロではタープとテントを両方立てるのは億劫でもあるため、もともとフロアシートが付いていないサーカスTCは、中でリビングとして過ごせて、コットを入れればそのまま寝室になるなど、絶妙なサイズ感となっていた。また、TC素材は焚き火の火の粉に強いだけでなく、遮光性も高く結露もしにくいなど、テントとしての機能も高いものとなった。

　2016年に初代モデルが発売されると、瞬く間に完売して話題となった。その後も発売されるたびに完売する勢いで、どこのキャンプ場に行っても複数見かけるようになった。ムササビウイングがヒットしていたことも後押しになったのだろうが、もうひとつ、これほど人気になった理由が考えられる。

　当時、同じくTC素材を採用した北欧発のワンポールテントが人気を博していた。そのころ、TC素材のテントは海外製品のものしかなかったのだが、いずれも10万円を超えるもので、簡単に購入できるものではなかった。そんななか、サーカスTCは3万円ほどで入手できた。この破格の値段も人気の理由のひとつとなったのは間違いないだろう。

根「お求めやすい価格で出せるのは、そもそも

ワイルドワンのブランドだからという点があります。メーカーって工場があって、小売りに卸すときに商社が入りますよね。当社の場合、ワイルドワンだけの販売となりますので、流通マージンをカットできます。売り場が決まっているということは、製品開発において大きなメリットなんです」

サーカスでの経験が
TC版開発に生きる

　筆者もサーカスTCユーザーになって5年経つ。ソロキャンプでこれを使うようになってから、すっかりタープ（ムササビウイング）を張る機会が減ってしまった。サイズ感や色など不満はひとつもないが、購入して最も感動したのは、設営の際のガイドロープがあることだ。これほどのサイズのワンポールテントを一人で張るのは、本来とても困難なものだ。だが、サーカスTCは先に固定すべきペグの位置がわかるため、容易に設営できる。先に

サーカスTCのこぼれ話
張り綱が後付けになったワケ

当初は、張り綱はテントに固定された状態で出荷されていた。これは張り忘れのないようにという配慮だった。しかし、雨が降ったとき、ミミズが這ったように撥水しない場所ができるという問い合わせがあったという。調べてみると、ベトナムから運ぶ場合、熱帯エリアを通ってくるため、ロープの油が幕に移ってしまった可能性があった。そのため、現在ではロープは外した状態で出荷され、ユーザー自身で結ぶ方式に変わった。

サーカスTC MID専用のグランドシート。全面にフロアを作ることができ、端には立ち上がりがあるため、砂や水が内部に進入しにくい。ハーフサイズもあるため、用途や好みで選ぶことができる。

グランドシートも付属したフルメッシュのインナーテント。インナーの中にポールを通す必要がないため、設営も非常に簡単。単体でも設営できるので、デイキャンプでの虫よけシェルターにもなる。

ワンポール（1脚）からトリポッド（3脚）に変更することができる「サーカストリポット」。通常よりも快適な居住スペースを確保することができる。多くのユーザーの声を参考に開発されたオプション品だ。

打ったペグにテントを固定し、最後にテント内でポールを立てれば完成となる。一人でも簡単に設営できるため、ソロキャンプでも安心。タープも不要なので、キャンプの設営・撤収がすごくラクになった。このガイドの存在は、プロトタイプのサーカスでの経験が生きているという。

根「自分で作っておいてアレですが、サーカスのときに、五角形というのがうまく張れなかったんです。先に二辺を張ってから、正三角形を作ってと、工夫が必要でした。でも、結局それが面倒になっちゃって、ガイドを作ることにしたんです」

　サーカスのときの経験が、サーカスTCにしっかりとフィードバックされている。購入しやすい価格以上に、使用者目線で作られたこの完成度の高さこそが、サーカスTCを不動の地位に押し上げたと言っていいだろう。また、細やかさは使用者目線だけではない。実はテンマクデザインの商品の収納サイズは、ほとんど90cmを超えないようにできているという。これは、売り場の棚の幅がおおよそ90cmになっているため。店内のどの売り場に陳列してもはみ出さずに収まるので、買い物をしているお客様の邪魔にならず、また、店舗スタッフの売り場作りの負担を軽減したいという気配りなのだ。

サイズ展開をしながら進化するサーカス

　現在ではサーカスTCはMIDやBIG、STやDXなど、サイズ違いや色違い、素材違いで幅広く展開されている。しばらくはレギュラーサイズがダントツの人気であったが、一昨年あたりから瞬間的にMIDのほうが売れることもあるという。設営時の作業は同じなので、それで

やや室内が広くなるという点が大きなメリットでもある。

根「実はTCの生地も改良していて、今のモデルは第四世代になっています。工場を変更したり織り密度を変えたりと、最初のものに比べるとだいぶ生地は違っています。商品を発売するときはその時点で100点のつもりで出していますが、素材や技術は日々進化していますので、変更したほうがよいと思えるものがあれば、常にアップデートしています。また、モノによっては5年使ってみないと出てこない不具合があることもあるので、そういった点を改良していってるのです」

テンマクデザインの
心臓部は郡山にあり

　テンマクデザインには手厚い修理センターがある。これには業務委託先があり、郡山市にある「コンペイジ」という会社が一手に請け負っている。テンマクデザインとコンペイジの出会いは、12年前のテンマクデザインの立ち上げ時のこと。代表を務める遠藤さんがキャンプメーカーから独立したばかりで、テントなどのキャンプ道具が作れる経験を生かして営業活動をしていたときが、テンマクデザインの立ち上げタイミングと合致したという。テンマクデザインの成長とともに事務所も移転を繰り返し規模を拡大している。実はプロトタイプのサーカスの開発時からのパートナーだ。

遠藤（以下、遠）「当初は、こちらで『企画があります』って提案をして、その反応がよければ実際に作ってみて、という構図になると思っていました。でも、根本さんは発想力だったりユーザー視点だったり、とにかく商品開発スキルが高くマーケティングできているものが多いので、根本さんがラフで書いた設計図をいただいて、私が工場に発注できるマニュアルに落とし込んで、試作品を作ってもらって、大量生産できるものに落とし込んでいくという流れで開発しています」

　前述で修理センターとしての外注先といったが、ここはただの修理屋ではなく、いわばテンマクデザインの心臓部のようなところだ。試作品を作ってもらうときには、工場からの提案もあり、いくつかの試作を経てアップデートしながら形にしていっているのだという。

根「テントって、"だいたい"では作れないんですよ。トグルの長さなど、パーツ1個1個サイズをきっちり決めないと立てられないし、美しく張れないんです。なので、細かいサイズは試作品の検証をしながら作ります」

　こうした試作品の検証も、すべてコンペイジで行なわれているという。修理センターを兼ねていることから、ここには8500を超えるパーツがあり、実物を見ながら検証ができるため、完成品の想像がしやすいという利点があるからだ。また、開発室と修理センターが同じところにあるというのは、また別の利点もあるという。

根「企画開発拠点とアフターサービス対応拠点が同じ屋根の下にあるので、PDCAサイクルがすごい勢いでまわるんですよ。修理依頼としてお客さまからの不具合がダイレクトに開発室に伝わるので、すぐに原因を突き止めて、次のシーズンの商品からは部分的にパーツを改良するなどして展開することができます。このスピード感はほかには真似できないと思っています。店舗のスタッフがお客さまからご意見をお受けして、私に連絡が入れば、すぐに中国やベトナムの工場に連絡し、早いときは2〜3時間で解決策を決めて全店に共有しています」

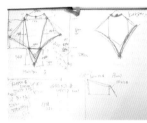

根本さんの手帳に描かれた、マンタタープのラフ画。細かなサイズや縫製位置が記されている。このラフ画をもとに、遠藤さんがマニュアルに落とし込んでいくという。

コットン混紡生地 (TC) 製のテントやタープ専用の糸。水分を含むと膨らむ性質があるため、シームテープ加工がなくても縫製部分からの浸水を抑えることができる。防水機能の面では生地と並んで重要な要素となっている。化繊生地の製品の場合に使用するシームテープ等も含むすべての修理加工資材に関しては、海外の生産工場と同じものを共有することで、オリジナルの性能をキープする対応を行っている。

コンペイジ内で修理および加工対応ができるように、数種類の工業用ミシンのほか、シームマシン、撥水テスト機などの設備が導入されている。なかにはカシメ機などの手動の道具も。縫製線の針穴から水が入ってこないよう、なるべく細い針で縫っている。

(写真左) コンペイジ代表の遠藤さん (右) と、営業担当の畠山さん (左)。主に遠藤さんが布物、畠山さんは金物を担当しており、それぞれがベトナムやバングラディッシュ、中国などの海外の工場と折衝しながら商品開発を進めているという。(写真右) 修理交換用の薪ストーブなどのパーツがびっしり。

**業界全体を俯瞰した
商品開発の秘訣**

　コンペイジがテンマクデザインの心臓部であることがわかったが、すべての商品企画に携わり判断を下す根本さんは、まさにブレーンである。時期によっては120商品もの企画が並行して進行していることもあるというから驚きだ。サーカスTCをはじめとするヒット商品を生み出し続けられるのはなぜなのだろうか。

根「たとえば、人口分布からもある程度ニーズの予測はできるんです。団塊世代が多くファミリーキャンプ用の大型テントが売れていれば、数年後には子どもが成長して家族でキャンプに行かなくなり、お父さんが一人でソロキャンプに行くようになる。だから次はソロテントの需要が伸びるだろう、とか」

　こうしたニーズを予測しながら、自身でキャンプや登山、釣りやカヤックなどのアウトドアでの経験を踏まえたユーザー視点で開発していくため、時代にもユーザーにもフィットした商品が、次々と生み出されていくのだろう。コラボレーターとの商品開発も、実際にアウトドアで活躍する人たちの目線で作られた商品になるため、究極のユーザー視点で作られた商品であるといえるのだが、この取り組みにはそれとは別の想いが込められていた。

根「あるとき、アウトドア業界で活躍する人たちの力になりたいと感じたことがあったんです。自分の顔を出して、ある意味プライベートも出してメディアに出てくれている人たちがいて、その人に憧れてキャンプを始めようとする人が増えることで、われわれのビジネスも成り立つのですが、当の本人たちが身を

削っているようではよくないなと。一緒に商品開発をして、得られた利益が正しく循環すれば、アウトドアの素晴らしさを発信することに集中できる。その結果、アウトドア業界がもっと盛り上がると考えたんです」

　快適なアウトドアライフをキーワードにしたもの作りで、開発者（コラボレーター）、販売者、そしてユーザーみんなが幸せになる、まさに三方よしの仕組みなのだ。

期待値の膨らむ
まだ見ぬサーカスTC

　話をサーカスTCに戻そう。現在では8種類＋αと展開しているサーカスシリーズだが、今後さらなるシリーズ展開はあるのだろうか。

根「遠藤さんと共有している現在進行中のものもありますし、私の頭の中にも進化版のアイデアがあります。サーカスに関しては、サーカスを使う人のニーズと私自身のニーズがほぼ一致しているので、その点を突き詰めて、どう快適にしていくかを考えていけばまだまだアップデートできるはずです」

　TC素材は前述のとおりポリウレタンコーティングがされていないことで、化学繊維のテントやタープにおける加水分解での劣化がない。つまり、一度購入すれば丁寧に使っていくことで長期間使用することができる。まさに親から子へと引き継ぐことができるアイテムなのだ。こうして、キャンプをする人たちが連綿と同じ道具を使ってアウトドアを楽しんでいくこともまた、根本さんの願いだという。

オンラインショップの売り上げは拡大中で、修理依頼は全国から届く。テンマクデザインの多くの商品開発を担うコンペイジだが、修理はすべてこちらで対応しているそう。

サーカスTCDXのフロントフラップの面ファスナーを縫いつけているところ。面ファスナーはベトナムの工場に別注して9cm幅のものを作ってもらったそう。実際、ぴったり作ると合わせるのが難しいので、酔っぱらっていても固定できるよう幅を広くしてくれたそう（笑）。

パーゴワークス
ニンジャタープ

PAAGOWORKS / NINJA TARP

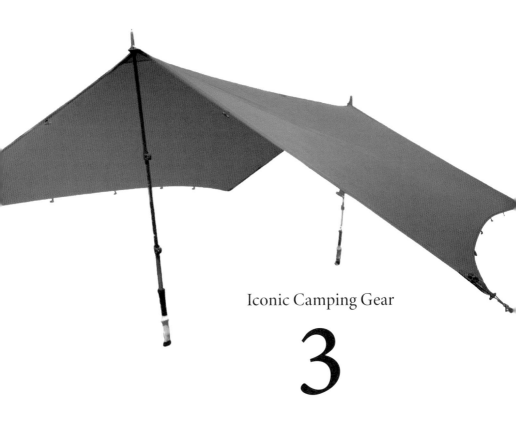

Iconic Camping Gear

3

「30通りの立て方ができる1人用タープ」というこれまでにな
いコンセプトで時代の変化の波にうまく乗って大ヒットと
なった「ニンジャタープ」。デザイナー斎藤徹のプロダクトアウ
トで作られた、人気アイテムの開発マインドをお聞きした。

ソロキャンプの流行と浸透はニンジャタープの登場によるものか、それともニンジャタープによって加速されたのかはわからない、しかし、その相乗効果はキャンプシーンを大きく変貌させた。

自由なモノづくりのために
PAAGO WORKS が生まれた

　2015年に発売されたPAAGO WORKSの「ニンジャタープ」は、それまでありそうでなかった「個人で使うタープ」というコンセプトが受けて、年々売り上げを伸ばし続けているという。これは2000年代から2010年代にかけて、キャンプシーンの主役がファミリーからソロキャンパーに移行したのと同期しているように思える。PAAGO WORKS代表でデザイナーの斎藤徹氏に開発の経緯など詳しくお聞きした。

斎藤（以下、斎）「ニンジャタープを発売したのが2014年でけっこう前になるんですが、売り出したころはまだコンセプトが先走っていたというか、マーケットがそれほど育っていなかったんですよ。それがソロキャンプブームが起きて、多くの人に振り向いてもらえて、実は売り上げは伸びています。キャンプ用品には90年代から関わっていますが、キャンプシーンで繰り返しいろいろな山が来たり去ったりしていて、2000年代にいったん凪というか、ブームとしては一段落してしまった。その後でも残ってくれたのが、ソロでやっている人というか、人力で遊んでいる人たち

というか、ニンジャタープのコンセプトを深くわかってくれている人たちで、そこに受け入れられているのかなと思っています」

　1990年代から2000年代にかけて一度は終焉したというキャンプブームだが、当時盛り上がり始めたブログ（ブロガー）が中心となり、それからYouTube（ユーチューバー）が増えて、個人がメディアとなって情報を発信していく、消費者もそれを受け取ってモノの価値を把握するという時代に移行していく。その気流にニンジャタープもうまく乗って上昇を続けているのということなのだろう。大手アウトドアグッズ専門メーカーでもないガレージブランドだからこそ、2010年代のユーザーに刺さる商品をリリースできたのだが、PAAGO WORKSはどのようにして誕生したのだろうか。斎藤さん自身のルーツにまで遡ってお話しいただいた。

斎「どこまで遡るのかってのはあると思いますが、ぼくのバックボーンまでお伝えしたほうが、わかりやすいのかな？とは思います。東京の多摩地区出身なんですが、子どものころは遊びにいくなら自転車で移動するしかない。でも昔は重いマウンテンバイクしかないような時代で、DIYでフレームから組んでやっていました。それでホームセンターに行くようになって、なんでも自分で作るようになっていきました。中学時代には椎名誠の『あやしい探検隊』に憧れて、こじらせて（笑）。それが90年代に入ったあたりですか。それから高校ではオリエンテーリング部に入ったり、マウンテンバイクのレースに出たり、スノーボードにハマったりで、どんどんとぼくのアウトドア志向が育っていきました。90年代半ばになると、職業としてデザイナーを目指すようになります。それで、アウトドアの遊びと、デザインの仕事が結びつかないかなと考えているところで渡米したら、ガレージブランドって

ヘキサタープ（左）は稜線を大きく取る形状になっている。タープの形状はどういう使い勝手を狙っていくかで変わってくる。ニンジャタープは従来のタープの価値観と真逆の視点で作られている。

開発時に制作されたフライヤー。30通りの立て方ができることをビジュアル的にアピールしながら、同時に「軽量コンパクト」「1人に1枚」というコンセプトを端的に伝えている。

いう概念に出会ってしまって。帰国してアウトドア系のデザイン会社に就職したのがキャリアのスタートになります」

　その後、1998年に独立してイラストの仕事などもこなしながら、自らのガレージブランドの創立を模索していくこととなる。独立後に初めて立ち上げたのはトレランパックを

PAAGO WORKS代表・斎藤徹氏。温和な表情とは裏腹に、その内側にはデザイナーの矜持とアウトドアへの情熱のマグマが渦巻いている。

2016年に行なわれた日本最大級のアウトドア展示会「オフ・ザ・グリッド」でのニンジャタープ展示ブースの様子。忍者のコスプレでコンセプトを伝えた。海外ユーザーの評判もとてもよかったという。

売るショップで、2年ほど続けたが先行きに限界を感じて終了とした。次に、2000年代になって手掛けたのは実兄であるホーボージュン氏とのコラボで生まれたHOBO great worksである。ここでは人気商品となるチェストバッグを生み出した。そして2011年、今度は自分だけのブランドをと一念発起してPAAGO WORKSを創設することとなる。

斎「WORKSのところはHOBOから継承したんですが、PAAGOは『pack and go』からの造語です。とにかく元気が出る名前にしたくて、音の響きもいいなと思っていました。これは個人的なこだわりなんですが、個人の名前や地名に縛られるネーミングはしたくなかったんですよね。自分たちが作るアイテムに意図しない色がついちゃうような気がして。山の名前のブランドで海のものを出すのは違うとか、そんな感じ。名前に縛られたくないなと、とにかくここはもう全部フリーにして、製品だけで勝負をしたい、とそんな気持ちでつけました」

なぜガレージブランド最初の商品が ニンジャタープだったのか

PAAGO WORKS誕生から4年後の2015年にニンジャタープが発売される。1人用で張りやすく、30通りのカタチの設営ができ、ザックに忍ばせておけるほど軽量・コンパクト、などというこれまでにないコンセプトの新商品は、じわじわとユーザーの輪を広げ、ベストセラーアイテムへと成長を遂げる。フルラインナップの大手ブランドではない、生まれたばかりのガレージブランド・PAAGO WORKSから、どんなメカニズムでニンジャタープが生まれてきたのだろうか

斎「1人用タープってものがなかったですよね。小型のものはありましたが、タープ自体が基本的に大人数での仕様を想定したアイテムですから。だから1人用と考えた時点で、これを買う人はいないのではないかと思ったんですが、商品としては自信があったので、これはいけるだろうという確信はありました。少し

2枚のニンジャタープ（試作品）を連結して設営した。21カ所のジョイントポイントで複数のタープを自在に連結して広げることができる。これもニンジャタープの基本コンセプトのひとつだ。

違う話からになりますが、世の中のものってみんな『道具』なんですよ。目的を果たす機能を持っているものは全部、道具です。それを量産して品質を保証できるとようやく『製品』になります。でも買う人がいなければそこまでで、魅力が伝わって買ってもらって初めて『商品』になります。PAAGOとしてはそういう3つのステップをクリアしていくんですが、ニンジャタープはまず道具として自分で『これ超いいじゃん』って思えたんです。そこから製品にするのは経験も積んでいるし得意ですから問題ない。大事なのはその先で、商品としてはどうなのかな？と。リリース時点では少し時代を先取りしすぎていたんですが、1〜2年して理解されはじめると、結果が伴ってきた。みんながぼくと同じように『超いいじゃん』になってきたという」

　自らもカヌーや自転車などでアウトドアを駆けまわる斎藤氏だからこそ、実際に使うな

かでのタープの有用性への深い理解がある。とりわけタープが好きと公言する彼が、デザイナーとして『1人用タープ』への、チャレンジしがいを感じて、ここから本格的なニンジャタープの開発に着手することとなる。

「タープって一枚の布だから、使い手の経験次第でどうとでも化けますよね。最も応用が利きやすいアイテムなんです。こういうところがぼくのDIY精神にピッタリで。一方でドームテントなんかになると、もう誰が使っても同じだし、使用目的もそもそも1通りしかないわけですよ。その点、タープはどう使うかはユーザーに委ねられていますから、ニンジャタープの謳い文句にもなっていますが、『クリエイティブなキャンプを』楽しむ道具になるんです。経験値と創造性を使って『少ない道具を使いこなそうぜ』というPAAGOの基本コンセプトにもマッチすると思いました。出来上がったタープが手裏剣に似ていたことも

あって当初は『手裏剣タープ』とでも命名しようかとも思ったんですが、ちょっと言いにくいなというのと、アメリカで売ろうと考えていたこともあって、ウケのよさそうな『ニンジャタープ』にしました。タープの名前ってミニタープとかヘキサタープとかサイズや形状についてか、ビバークタープとかの役割についての名前とかそういうのしかないのが面白くないなと思っていたんですが、ニンジャならポップかなと」

デザインの匠が生み出した
自由な使い勝手と絶妙なサイズ感

　1人用で軽量なタープという、ありそうでなかった新コンセプトのアイテムは、人々のアウトドアでの遊び方がよりパーソナルに、よりインスタントにシフトしていく潮流にマッチして、大いに受け入れられることとなった。30通りの設営方法があるというセー

ルスアピールも、ファンのチャレンジ精神を刺激して、面白がって使い方を模索するというこれまでのタープにはなかった『遊ばれ方』がされるようになっていった。これは開発のコンセプトがユーザーのマインドにきれいにハマったことの証左といえよう。
斎「30種類の立て方は実際にやって、ほぼ同じアングルで撮影しているんですよ。本当はもっとバリエーションはあったんですが、多すぎても引かれるし、少なすぎても面白くないじゃないですか。30ぐらいなら『やってみるか』って思えそうだなと。実際に動画とかでやってくれたコアなファンもいて。立てやすいから、自由な立て方ができるという万能なタープというイメージは作れたのかな。ただ、ニンジャタープの本質は少し違うところにあって、立てるのが超カンタンというのが神髄なんだと思っています。普通のタープって先にポールを立てて、稜線を作ってからテンションをかけていきますよね。これが一人ではなかなか面倒ですよね。ニンジャタープ

別売りのインナーテント「ニンジャネスト」を組み合わせると快適なキャンプサイトを設営できるが、2つ合わせても約1000gとウルトラライトだ。ミニマル化が進むアウトドアシーンの潮流にジャストフィットしている。

「デザイナーのわがままっぷりを感じてほしい」と公式サイトでも言っているニンジャテント。「自分が欲しくなるテント」をコンセプトに「寝食を忘れて開発に没頭した」という「作品」だ。

アメリカのフェスで行なった「ニンジャ
タープ早張りコンテスト」。どれだけ早く
設営ができるかのタイムトライアルだが
「最短がなんと31秒」誰でも何度でもチャ
レンジできた。ニンジャタープのコンセプ
トを端的に伝えられたのではないか。

はまず先にペグダウンして、そこから好きな
ところを持ち上げるということができるので、
1人用タープというコンセプトが成立してい
ます。一般的なスクエアタープはできるだけ
日陰を増やすことを優先した形状をしていま
すし、ヘキサタープは稜線を長く取ってテン
ションを高くすることを考えていますが、ニ
ンジャタープは逆の発想で作ったことで張り
綱がいらなくなったり、それでポールの自由
度が増したりしています。30通りの立て方が
できるというのは、そういう立てやすい構造
の結果として得られたメリットなんです」
　サイズも、身長180cmの斎藤氏が一人で使
うのにちょうどいいと感じるサイズを模索し
て2.8m×2.8mにたどり着いた。
斎「いろんな張り方を試していくなかで、ここ
はもう少し欲しいなとか、これなら下で眠れ
るなということで寸法出しをしていったんで
すね。それからニンジャタープ同士で連結さ

アメリカで行なわれる「Pacific Crest Trail」に合わせ
て開催されるフェスには、ガレージブランドなどが多
く出展される。ユーザーに実際に触れてもらう機会は
セールスには重要だ。そして「ニンジャ」のネーミング
はアメリカ人によく刺さる。

せたいと思っていたので、正方形というか4
点の距離が等しいことはこだわっていました。
そして製品としては生地の幅が1400mmと
いうのは大きなポイントです。このサイズな
ら端切れを出さずに生産できる。パターンを
作る身としては、生地の廃棄はいまの時代に

は大きな課題ですから、そういう視点でもうまくできた」

来年はRUSHをフルモデルチェンジ
ニンジャの次のチャレンジへ

　ニンジャタープのヒットから、ニンジャネスト、ニンジャテントなどニーズの広がりに合わせてニンジャシリーズを展開したPAAGO WORKSだが、ほかにもバックパックや調理器具もある。そしてランナーのために開発したトレランパックのRUSHシリーズもヒット商品のひとつだ。

斎「RUSHは今年フルモデルチェンジするんですが、ド直球の開発をしています。サンプルを作って実際にランナーに試してもらってフィードバックして、またサンプルを作って

のキャッチボールをずっと続けてきました。今年に入ってからのサンプル数は120から150ぐらい。目の前に使うランナーがいて、その人たちのためにぼくが作っている。これはもう勝負ですね。デザイナーとしていちばんやりがいがあります」

RUSHは製品モニターをしてくれるランナーさんのフィードバックで進化していく。全力の直球のキャッチボールを繰り返す日々が続くのだ。

開発が進む新型RUSHのラインナップ。プロトタイプがオフィスの壁に飾ってあり、斎藤氏の頭の中では常にランナーとの開発論戦が繰り広げられているのである。

ユニフレーム
焚き火テーブル

UNIFLAME / TAKIBI TABLE

キャンプを楽しく、便利なものにしてくれる数々のギアたち。数多くある道具のなかから自分好みの道具を選び抜き、使いこなすのもまたキャンプの楽しみだが、圧倒的に多くのキャンパーに支持される名品がいくつかある。今回は、そんな名品をたくさん世に輩出し続けるユニフレームから、焚き火テーブルをピックアップ。燕三条の本社にて誕生秘話を教えてもらった。

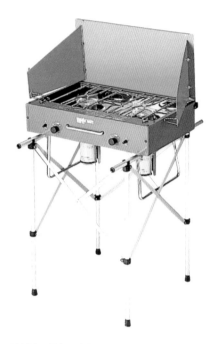

1985年に最初に発売されたのが、カセットガス使用の工芸用トーチ「ユニトーチ」。87年には携帯用ガスヒーター「ワーム」、89年にツインバーナー「US-2000」、91年にガスランタン「UL-1100」と、当初はキャンプ用のガス器具が主力だった。

焚き火テーブルは
実は偶然の産物だった⁉

　株式会社新越ワークスから、1985年に創設されたのがユニフレームだ。「ユニークな炎（フレーム）を創造する」がその名の由来であり理念だという。創設以来、国産アウトドアメーカーとして幅広いジャンルのギアを手掛け、多くのキャンパーのキャンプシーンを下支えしている。ひとつのキャンプサイトに最低ひとつ以上はユニフレーム商品があるのではないだろうか。それほど細やかな商品展開を誇る。

　ガストーチやガスヒーター、カセットガス使用のツインバーナーやガスランタンなど、ユニフレームを象徴する火器商品が展開されていたのが80年代後半。90年代に入ると、同社の代表商品でもある「ユニセラ」や「ファイアスタンド」に「ファイアグリル」など、熱源を炭火や焚き火に移行した商品も展開されるようになったという。2000年にはテントやタープのシリーズも発売され、以降もさまざまなロングセラーとなる商品を生み出し続けている生粋のメーカーだ。

　そんななか、さまざまな取材のなかで多くのベテランキャンパーが使用しており、筆者もその影響で複数台持ちで愛用している「焚き火テーブル」に着目。キャンプにおけるド定

番テーブルの開発エピソードを、事業部長の田瀬さんに教えてもらった。

田瀬（以下、田）「焚き火テーブルを発売したのは2002年。当時の価格は4900円でした。安いですね（笑）。実はこれ、こういうテーブルがあったら売れるだろうな、なんて発想で生まれたわけではないんです。懇意にしている（金属の）材料屋さんが『家のシンク用のステンレス材で余っている部分があるけど、ユニフレームさんで何かに使えない？』って相談されたことが発端だったんです」

　言われてみれば、天板の質感はキッチンのシンクに似ている。焚き火で調理したダッチオーブンをそのまま載せたり、バーナー調理時の熱反射などが狙いで生まれた秀逸なテーブルだと思っていたが、まさかの誕生秘話に驚きを隠せない。

田「材料屋さんからの相談を受けて、テーブルを作ろうと言ったのが現会長で、図面を書いたのが私です。いわゆるシンクの"抜きカス"で作っていたわけですから、サステナブルの先駆けですね（笑）。ただ、そうした端材は安く手に入りますが使い勝手が悪くて、出荷数と寸法が合わなかったり柄違いも出てきたり

するんです。3〜4年は端材で作っていましたが、売れてきて数が見込めるようになってからは、テーブル用に材料を買うようになりました。そのため、初期製品といまとでは柄も違うし、昔はつかないけど今のは磁石がくっつくようになっているんです」

　始まりがそうだとしても、脚の収納の妙や使い勝手のよい高さだとか、サイドに施された木の意匠など、ロングセラーになる要素しか見受けられないのだが……。

田「たしかに、当時は脚の収まりが思いつかなくて、会長がいまの脚の構造でやれって言ったのが画期的でしたね。試作をした後に図面を作った記憶があります。高さはシンプルに天板に脚を収納するためにこの高さになっているだけですね。人間工学でもなんでもなくて、偶然です（笑）。その当時、鍋のセットの「fan5」の蓋のつまみとか、バーナーの点火ボタンとか、アウトドア製品に木の要素を加えたのが評判よくて、木材加工の会社さんともつながりがあったので、取り入れました。僕らの商品開発ってマーケットインではなくプロダクトアウトなんです。そういう意味では、木の部分だけはマーケットインだったのかもし

1991年に初めて発行したカタログ。雄大な大自然と動物の写真と「We want to make friends with nature」のキャッチコピーのみのシンプルなデザイン。これは現代まで踏襲されている。2013年には「総合カタログ」のコピーが入っていた。

ユニフレーム事業部の事業部長である
田瀬明彦さん。「僕は辞めないで残って
いただけ」と謙虚に話すが、当初新越
ワークスのお荷物とされていた部門も、
いまでは同社の売り上げの6割も支え
る事業体になったという。

れないですね」

　ロングセラーにもなったヒット商品が、さ
も偶然の産物だったかのような話しぶりだ。
しかし、これはただの偶然ではなく、ユニフ
レームがプロダクトアウト先行でヒット商品
が生み出せる企業であることに起因するにほ
かならない。

田「ユニフレームは〈品質〉〈価格〉〈供給〉を
三本柱に掲げて商品開発をしています。そこ
に重点的にコストや人員をかけているため、
それ以外は後回しなんです。いい商品であれ
ばブランディングは不要と考えているので、
広告や販促などにも力を入れていません。と
いうかブランディングは苦手なんです(笑)。
もともと工場なので、売ることも苦手だから
自社販売もしていません。苦手だけど、結局は
商品力なんです」

　キャンプをしている人なら誰もが知るメー
カーではあるが、たしかに広告を目にする機
会がほとんどない。それでもこれほどの知名
度とブランド力を持つようになったのは、確
かな商品力と、それを実感したユーザーのク

チコミでの広がりがあると、営業リーダーの
横田さんは話す。

横田(以下、横)「あるイベントで『これ持って
いる、これも持っている、全部ユニフレームの
だったんだ!』と話してくれたお客さんがい
ました。実はユニフレームのロゴが入ってい
ない商品もけっこうあるんですけど、販売店
さんから『刻印はないんですか?』って言わ
れて入れたものなんかもあるんですよ。ブラ
ンド名を売らなくても、いい商品を作ってい
れば販売店さんが商品を認めてくれて、お客
さんに売ってくれる。そのお客さんが、周囲の
人にすすめてくれる。うちはこれでいいんで
す」

商品力の根源にある
地域性と授業料

　モノづくりで名高い燕三条に本社を構える
ユニフレームだからこそ、世に輩出する製品
の商品力へのこだわりは並々ならぬものを感

"熱にも、キズや汚れにも強く"と、特殊エンボス加工の特徴を謳っているが、これがシンクの端材から生まれた後付け要素だとは、当時はもちろん、いまでも気づいている人は少ないだろう。当時のカタログではミニテーブルのジャンルにあったようだ。

2002年に田瀬さんの印とともにサインの入った焚き火テーブルの脚(スタンド)の図面。この脚の高さがローチェアと相性抜群で、他社のテーブルの高さにも影響を与えていくことになる。この時点ではまだ新越金網の判が押されている。

じる。ブランディングが苦手だと言いきる様は、不器用を通り越して潔さが格好いい。こうした姿勢の裏付けとなっている要素に、やはり燕三条という地域性があることを、今回の訪問で身に染みて感じた。なぜなら、この日はユニフレームだけでなく、焚き火テーブルの材料となる金属パーツと木材パーツそれぞれの加工工場と、それらを組み合わせ出荷状態にする工場3社を見学させてもらったからだ。どこもユニフレーム本社から20分圏内で、焚き火テーブルの材料の話然り、"餅は餅屋"で協力しあってモノづくりをしている。

田「自社だけで生産している商品もありますが、材料などの仕入れは必要ですから、どうしたって連携する必要があります。最近は注文書を工場に出してモノづくりしている会社がほとんどだと思います。それはそれで手間がかからなくていいとは思いますが、最終的には原価のダンピング交渉しかできなくなってしまいます。それに、作った商品が別の会社から色違いを出されることになるなどのリスクを負うことにもなります。その点、ウチは極力金型を作るようにしていますし、設備投資もしています。僕らは工場があるので、工場で工夫をすればコストを抑えることもできます」

周囲と連携してモノづくりをすることで情報も得られるし、丸投げしないことでコストを抑えるポイントも把握できる。これがユニフレームの持つ最大の強みなのだろう。しかし、ブランディングやマーケティングをおざなりにし、パラメーターを商品力へ全振りしたようなモノづくりの姿勢には、もうひとつ理由があった。

田「なんとなく有名になってきましたけど、95年に入社して以降、10年くらいは何やっても売れなかった。おかげさまでロングセラーもあってカタログに残っているような商品もありますけど、売れなかった商品はその何倍もあります。それだけたくさんの授業料を払ってきました。よく潰れなかったなぁって思いますよ(笑)。今ではキャンプ人口も増えて市場が大きくなっているからそれなりに売れますけど、商品力で売れないことには生き残れないってことを痛感しているんです」

もともと工場だからこそ
工業製品にこだわりたい

　新越ワークスの前身は、業務用ざるを製造していた新越金網という会社で、ラーメン用の湯切りざる「てぼ」など代表商品が数多くある。2代目である現会長がたまたま山岳部（スノーピークの創業者とは同級生）で、登山やキャンプの道具を趣味で扱っていたことから始まった、いわばユニフレームは新規事業だったという。

田「ユニフレームとして約40年やってきて、まったく売れなかった時期やキャンプブームなども経験してきて、都度対応してきたこともありますが、いい意味でやっていることは一貫しています。品質がいいとおっしゃっていただくこともありますが、もともと工場なのでやっていることは昔と変わらず、価格に合った水準を満たすことを心がけています。逆に品質にこだわりすぎると、工業製品じゃなくて工芸品になってしまいます。社員も協力工場もあるから僕らは工芸品は作れなくて、あくまで〈品質〉〈価格〉〈供給〉を軸にした工業製品を突き詰めたいと思っています」

　ブームがあれば反動はある。流行り廃りはつきものだ。原料や光熱費の高騰以前から、10万円超のギアも珍しくなくなってきたし、数量限定、抽選販売などコアでニッチな商品が乱立しているが、こうしたブームが長く続くことはないのだろう。時流の浮き沈みに大きく左右されることのない商品とは、確かな品質で適切な価格で販売され、必要なときに手に入れられるものに違いない。

　ユニフレームの商品は発売直後から飛ぶように売れるものは少ないそうで、じわじわ売れてくることが多い。焚き火テーブル同様に人気商品であるフィールドラックも、最初はいまのように売れるとは思っていなかったと

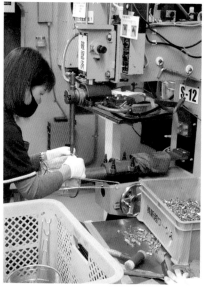

新越ワークスの本業ともいえる、金網・綿材製品を中心とした業務用厨房向け道具の開発を行なう「スリースノー事業部」。「漉す・すくう・揚げる・水（湯）を切る」など、日本独自の調理法を支える事業体だ。

いう。当初はクーラーボックススタンドとして売り出したものだったが、確かな品質と価格により、複数台をリピート購入する人が続出。ブランディングにコストをかけない、ユニフレームならではの売れ方をしている代表的な存在といえる。

"総合"であり続けることに
矜恃と葛藤がある

名実ともに総合アウトドアメーカーとして業界内の地位を確立しているユニフレームだが、この「総合」であることについて、社内でも意見は分かれているという。
田「いまではたくさんのアウトドアブランドがありますが、昔はテントとガス製品の両方をやっていないとアウトドアブランドといえないような、そんな空気感がありました」
横「営業部のなかでは、テントをやめて別の部門に力を入れよう、利益率の見込めるジャンルに注力しよう、という声もあります。でも、総合メーカーと謳っている以上、あらゆる商品をカバーしてユーザーへ安心感を与えることが重要なんです。だから、テントやタープなどは正直、弊社と相性のいい商材とはいえませんが、簡単にやめるわけにはいかないんです」

古くから携わる田瀬さんのみならず、前職がキャンプ用品のショップスタッフだった横田さんも、総合であり続ける意義を説く。キャンプブームの波に乗り、たくさんの輸入代理店やガレージブランドが誕生したが、コールマンやスノーピークなど、テントもガス製品も手掛ける総合メーカーに限ると、たしかに少ない。数社しかないからこそ、それは絶大な信頼感にもなっている。
横「販売店さんからは『安定のユニレーム』と

おっしゃっていただいています。ブームだからといって、ばーっと売れるわけではなく、でも販売数上位商品のちょっと下にはユニフレームがいます」
田「1位になることもあるよ（笑）。結局ウチは、二塁打三塁打が多いんです。これだけいい弾を持っているメーカーもそうそうないん

業務用だけでなく自宅用キッチンアイテムを展開する。シンプルでありながら使い勝手を考えられた商品が並ぶ。また、木質ペレットストーブの開発を行なうエネルギー事業部もある。

最初に訪れたのは、焚き火テーブルの天板部分の材料が集積されており、合わせてこの場でロールから焚き火テーブル用に切り出す加工をしてくれる協力会社さん。取材中にも情報交換されている様子が見てとれたが、こうした連携したモノづくりができるのが燕三条の強みなのだろう。

次に焚き火テーブルのサイドに施されたウッドパーツの加工会社さんを訪問。ユニフレームのロゴがひとつひとつ焼印されていく。このほか、見覚えのあるハンドルやつまみなど、木のパーツがそこかしこに並ぶ。

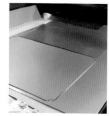

最後に、焚き火テーブルの組み立て工場を訪れた。天板や脚、ウッドパーツなどがここに集まり、組み立てられて梱包される。1社だけで完結しない、"餅は餅屋"のつながりを感じる。ここではフィールドラックの天板もオートメーションで加工されていた。

じゃないですか？　心の中ではホームランを狙っているんですけどね（笑）」

横「それと、販売店さんの印象だと売れているメーカーの扱いになっているカラクリがあって、それはウチが低価格商品を多く扱っているからなんです。網とかバーナーパッドとか、マルチロースターとか、これらがレジを通る回数が多いんですよ。回転する商品はお店からの評価も高くなって、ほぼ全店で導入してもらえるんです」

　市場調査と称して、特に目的もなくアウトドアショップに足を運ぶ読者も少なくないことだろう。ご多分に漏れず筆者もそのクチであるが、調査目的ながら何も購入せず帰るのもどこか損した気になって、ついつい何か購入してしまう。そんなときに都合のいい、お手軽な価格帯であること、リピートしても損しないもの、という条件に当てはまりやすい商品がユニフレームにはたくさんある。

　ユーザーにとって低価格であることはありがたいことでしかないが、材料費高騰の影響はないのだろうか。

田「一部には倍以上の価格のものもあります。しかし、こういう商品はこのくらいの金額、というのがありますから、ウチでのみ込んでいる価格設定のものもあります。赤字でも出しているものもあったりもしますが、ウチとしてはトータルで利益が出ればいいと思っているので、そのへんはバランスですよね」

高い技術力を生かすための
アイデアの源は？

　ユニフレームが燕三条にあること、もともと工場であることが強みなことは充分理解できたが、それでもこれほど多様な商品展開ができるのはなぜだろう。

事業部長の田瀬さん（右）と、営業リーダーの横田さん（左）。二人に手にしてもらったのは、レッグラックの試作品。なんと当初は段ボールで田瀬さんご自身で試作していたという。この段ボールを焚き火テーブルの組み立て工場さんに預けて、実際の試作品を作ってもらったとか。

田「焚き火テーブルと同じような経緯で生まれた商品に、ダッチオーブンのシリーズがあります。弊社の近くに黒皮鉄板で中華鍋を作っている会社があって、そこの方と現会長が飲み屋さんで会話をしているなかで、『これでダッチオーブンを作ればいいんじゃない？』という話になって開発したのが始まりでした」

　黒皮鉄板のダッチオーブンといえば、鋳鉄製のようなシーズニングなどの手間を省きつつも、鉄製による蓄熱性や熱伝導を実現してくれる、ビギナーにやさしいダッチオーブンだが、これもまさかマーケットインではなくプロダクトアウトだとは。

田「キャンプに行って思いついた商品もありますが、やはり普段から情報収集をしていることが大切で、冒頭ではプロダクトアウトとは言いましたが、販売店さんからの情報にはしっかり耳を傾けるようにしています。SNS

既存の焚き火テーブルのオプションパーツとして、レッグラックが発売された。焚き火テーブルの内側に収納することができるので、運搬スペースが増すことはない。内側の脚に差し込むだけで簡単に取り付けも可能。

1992年発売のユニセラ、94年発売のfan5は発売から30年経つロングセラー商品。細かな改良が加えられ、現役で稼ぎ頭だ。2001年発売の黒皮鉄板製のダッチオーブン。同様の素材でちびパンなども作られた。UF羽釜は18年の発売。同時に、折りたたみできるFDしゃもじも発売されている。

やレビューなどで得られる情報もありますが、いちばん情報を持っているのは販売店さんです。そこで得られる市場の情報と、製造側から得られる情報などがつながってきて、最近では夢でも商品アイデアが出るようになりました（笑）。コンセプトをしっかり固めて、試作して検証して作ったものほど売れないから不思議ですよね。2018年に出した「UF羽釜3合炊き」は、fan5があるからやらなくてもいいのではって営業部から言われたけど、出してみたらそれなりに売れましたからね」

　最後に、ユニフレームが目指すブランド像を聞いてみた。

田「唯一無二の質実剛健なブランドでありたいですね。ターゲットは正直、ヘビーユーザーよりも中間層が主軸と思っています。ホームセンターの次くらいでいいんです。ところが、最近はユニフレームのこういう商品が欲しいっておお客さんに言ってもらえるようになったから、そうした声に応えたいという営業部

の意見もあります。パッケージをきれいにしてくれと言われることもありますが、捨てるものにコストをかけるなんてもったいないと私は思ってしまいます。でも、営業としては見栄えよく店舗で売りたいと。僕なんかは古い人間だから、これからは若い人が考えてやっていくべきかもしれない。老害にならないようにしないと（笑）。ただ、ユニフレームというブランド名でごはんを食べてはいけない、商品力でごはんを食べないと。いっそのことユニフレームって名前を変えたっていいと私は思っています」

　ブランディングの要不要は今後も社内で議論されていくのかもしれないが、確かな商品力でこれまで積み重ねてきた信頼は揺らぐことはないだろう。たとえ名前が変わったとしても、商品力に重きを置くモノづくりの姿勢で、今後もわれわれに快適なキャンプを提供してくれるはずだ。願わくば、これまでどおり家計にもやさしく……。

ヘリノックス
チェアワン

Helinox / Chair One

2010年代半ばから徐々に人気を博してきたアウトドアチェア「ヘリノックス チェアワン」。スタイリッシュで体の収まりもいいこの名品は、アジアのテントポールメーカーの一途な思いから生まれた。現地スタッフ、そして2023年5月、東京・原宿に「国外初」として開店したフラッグシップショップ「HCC Tokyo」のスタッフにお話をうかがった。

ヘリノックスチェアの代名詞でもある「Chair One」は、ヘリノックスモデルとして最初に生まれた製品。145kgの重みに耐える機能性と美的感覚を誇る。なお人物が持つトレッキングポールもヘリノックスが誇る金属加工技術の逸品。

2010年代以降に人気の
スタイリッシュなキャンプチェア

　筆者は2012年ごろより数年間、アウトドアムック本の記事制作において「キャンパー取材」に携わっていた。カメラマンと二人一組でキャンプ場を訪問し、スタッフに許可をいただいたうえで、場内にサイトを構えるキャンパーを取材させていただく。「イケてるサイト設計」「イケてるグッズ」あるいは「料理の知恵」などをうかがい撮影する。取材対象の方は、キャンプを始めて数年経ち、ある程度のテ

クニックを身につけた上でさらなるキャンプイメージを構築していく人々……いわば成長途上の「若年層」の方々がよろしい。アウトドア世界に分け入り、続々と登場する最新のグッズを買い求め携えてサイトに来てくださる。何よりも、最新グッズの紹介はありがたい。

　時は2012年以降、そんな取材陣の興味を引いたのがとあるキャンプチェアである。収納すれば小脇に抱えられるサイズ、重さはディナーで焼く肉の重さ程度、それでいて広げれば下半身をすっぽり包み背中をも受け止めるチェアの形となり、多少太めの成人男性

の体重にも充分耐えうる。そのチェアの名を訪ねれば「ヘリノックス」。以降、数年にわたってキャンプ場を取材し続けるにつれ、キャンパーが持参しサイトで休むチェアはヘリノックス、そのシェアは拡大していった。

テントポールメーカーが発明した
人体工学に即したチェア

　ご覧のとおり「キャンプ」「アウトドア」はカタカナ、元来は横文字である。戦後のキャンプブームはキャンプスタイルに人気グッズ、あるいは教育の場で児童が唄う「キャンプの歌」をはじめとして、大半が欧米由来のものだった。だがヘリノックスは「欧米由来」ではない。韓国メーカー製品である。その起源は韓国のテントポールメーカー「DAC」だった。
　1988年創業の同社の創始者、ジェイク・ラー氏は若き日に渡米し、ミシガン大学のMBA（経営学修士）を取得し、世界最高になる目標を掲げた。世界最高になるため、製造業の世界に飛び込んで勝負に挑んだ。最初はアローをアルミポールで作ることから始まったDACは、やがて世界各国のテントメーカーにポールを供給する一大企業となった。まず、なんといってもDACのテントポールはクオリティに優れる。軽くてしなやか、そしてシックな美しさが無機質ななかからも薫り立つ。
　さてテントポールはアルミ製である。アルミは精製の折に、あるいは製品としてサビ止め加工を施す折に、環境をどうしても汚してしまう、という問題がある。だがDACは環境に配慮し、アナダイズ加工（アルマイト加工）で汚染を最小限にとどめる工程を考案する。これが自然愛好家でもあるテントメーカーの心をつかみ、1992年以降、DACが独自開発した製品はアメリカをはじめ日本、ドイツ等各

テントポールメーカー・DACの創始者、ジェイク・ラー氏。環境負荷に配慮したアルミ精製、何より強度と美観に優れた製品はキャンパーの心をとらえた。

手書きで編み出された新製品のアイデアは、パソコン編集と「実際のテスト」を重ねて製品に仕上がっていく。テントの接手はチェアにも生かされる。

DACで生み出されたアルミ加工技術は、テントやチェアのポールのみならず「ペグ」にも生かされる。写真のペグは、HCC Tokyoで購入できる。

実際のテントポールと、接手の例。強靭でなおかつ美しいアルミポールが、ヘリノックスのチェアにも生かされている。現在のヘリノックスはテントそのものにも力を入れ、8人程度が宿泊可能な大型テントを開発中。

国へ1000製品以上を供給していったという。

だが、ジェイク・ラー氏はそれで飽き足らなかった。そもそも自社製品のテントポールは多大なシェアを誇っている。ハイスペックテントやプレミアムテントのような高級製品、あるいはバックパッキングテントのように軽量で収納性に優れたテントの文字どおりの骨子として、韓国国内、そして海外でも人気は上々である。だがテントの骨は「外」に現われない、いわば縁の下の力持ちだ。ならば、なんとかして「我々の物」を作り出すことはできないだろうか……そして、ジェイク・ラー氏の子息であるヨン・ラー氏は別なところで悩んでいた。

「ブランドとは何か、プレミアムとは何か」

親子2代で悩むに至り、作り出されたのがヘリノックスの代名詞ともいえる「Chair One」である。時に2012年のこと。冒頭で筆者が感じた、「スタイリッシュかつ簡便で頑丈

なアウトドアチェアがサイトに現われ始めた。その名はヘリノックス！」の、まさに直前なのだ。

さて、軽くて強靭なDACのテントポール。その製造過程で培われた技術は、ヘリノックス製品ではどのように生かされているのだろうか。韓国の担当の方にお話をうかがった。

「DACのテントポールを組み上げるにあたり、大切なのはポールとポールを結合させる『ハブ』の部分です。そのハブを、当社において直接、作成しました。これまで当社は『どこよりも軽くて信頼できるアルミポール』を軽量テントに多く提供してきましたが、これまで培ってきた技術をもって『軽量性』『携帯性』『利便性』の三拍子、そのバランスのそろったチェアを作り出すことに成功しています」

そんなヘリノックスのチェアは、人体に非常になじみがよろしい。あたかも「吸い付く」ようだ。韓国のメーカーということを考えれ

ば、「東洋人の体形を考えた」設計をしているのだろうか。

「いえいえ、東洋人の体形のみに留意、というわけではありません。できるだけ多くの方々に快適な座り心地を体感していただき、同時に持ち運びに優れた軽くて便利な製品を作ることを心がけています。ヘリノックスのChair Oneの場合ですと、100回以上のサンプルを作成のうえ、テストと補強を経て製品として生み出しました」

実際にヘリノックスチェアは韓国本国や日本のみならず、欧米においても高い評価を受けている。すべての人をやさしく受けとめて世界を包む。

前記のように、ヘリノックスの技術はテントポール製造によって培われた。テントはいわばアウトドアの基本である。韓国のアウトドアシーンについて、担当の方は語る。

「2010年代初頭に子どもだった世代がキャンプを経験し、成長後に結婚して家族を持ちました。すると家族単位でのキャンプが人気を集めるようになります。そこへ到来したのがコロナの大流行です。やはり屋内での密を避けるために、キャンプや登山など大自然の中での活動が徐々に増えました。パンデミックで海外渡航が制限されたことでメディアがキャンプに着目、メディアでの露出が多くなったことで、20代の若年層でアウトドア分野への関心を後押しした形になります」

もともと朝鮮半島は日本よりも地形がなだらかなため、登山は「ハイキング」のニュアンスで気軽に楽しまれるなど、キャンプを含めたアウトドアが流行する余地があった。コロナ流行がそれを後押ししたのは、国際的な傾向なのかもしれない。

「コロナ流行が収まった後の現在は、多くの人々が集まって活動できる、6から8人は収納できる大きなテントを開発中です。そして

タープ、さらには『使える楽しいアクセサリー類』も計画中ですよ」

そんな韓国ヘリノックスで目下の人気商品はトンネルテント、そしてやはり基本のChair Oneであるという。

世界で最初の海外直売店は東京・原宿にある

2023年8月上旬の東京。

梅雨明け以来、7月の渇水は8月に入るや空気が変わりでもしたか、湿気を帯びた風が横溢する。強烈な陽光に照らされれば雲が湧き、ひとしきりの驟雨が路面を洗う。渋谷区神宮前、地下鉄大江戸線の神宮前駅で降り地上に上れば明治通り。パンデミック後の最初の夏を迎え、街には日本語ではない言葉がチラホラと耳に快い。これこそが原宿、神宮前のいつもの魅力である。

神宮前6丁目。表通りから曲がりくねる街路をしばし歩き、新装開店中のブティックや飲食店の街路を抜ければ、目前に屹立するのは黒の構造材が織りなす縦長のリズムとガラスのコントラストが目にも涼やかな躯体のショップ。これこそ、「ヘリノックスクリエイティブセンター東京」。ヘリノックスが「海外初」として設けたフラッグシップショップ、今年5月20日の新装開店である。ヘリノックスの担当者は語る。

「ヘリノックスの日本進出は2013年、今年は10周年に当たります。10周年に満を持して、ヘリノックスのフラッグショップHCC Tokyoをここ原宿の地に立ち上げました。ヘリノックスの商品を多くの方々に見ていただきたく、直接触れて感じていただきたく存じます」

2階建ての店舗、1階は構造材の黒がその

東京都渋谷区神宮前に、2023年5月にオープンしたフラッグシップショップ。黒い構造材にガラスのコントラストが美しい。なお住所は東京都渋谷区神宮前6-13-3　電話03-6627-2589。営業時間は11:00〜20:00

店舗1階。陽光を受けて黒い躯体が影を生す。上段はチェアワンのロースタイル。右から4個目は回転椅子タイプのスウィベルチェア。その左が野外フェスに便利なグラウンドチェア。下段は座面が大きなハイスタイルのロッキングチェアなど。

店舗1階、通路を挟んだ反対側は軽量コンパクト性を追求したモデルやタクティカルラインのスペース。下段には50kgの重みに耐えうる「テーブルワン ハードトップ」。なお画面左側のポールは、チェアの脚に装着して床などを保護するもの。

まま映るモノトーンをベースとした「インダストリア感」ある内装でまとめた室内、外光を背景にするのはヘリノックスのChair Oneシリーズ。にわか雨に洗い清められた大気を貫く陽光に照らされ、凛然と輝いている。

ヘリノックスアウトドアチェアの基本シリーズはブルーのテントポールを基調とした鮮やかな青と、通気性に優れた強靭な座面。なおかつ、収納ケースはチェア使用時に持て余されることなく、骨組みに取り付けることで「小物入れ」となる面が大いなる魅力といえようか。座面の高さをある程度変えられるインクラインチェアに、コンパクトながら、座面がくるくると回転する「スウィベルチェア」、さらに、四点で地面を支えるコンパクトチェアなのは基本ながら、立方体の下部にも似たフレーム構造の「グラウンドチェア」が並ぶ。立方体の下部をそのままフレーム化したような

グラウンドチェアは、野外フェスなど人が密集する場所でも取りまわしに便利だ。

さて、筆者がキャンプ場でキャンパー取材を始めた2012年より数年来、アウトドア雑誌の特集ではテーブルやチェアなど「キャンプ家具」を2つに分類していた。座面が高いチェアに頑丈なアルミテーブルを組み合わせたハイスタイルは家庭のダイニングキッチンにも似て立ち歩きしやすく、大人数の立食バーベキュー向き。片や座面が低いチェアに木製やアルミ製のコンパクトテーブルを組み合わせたロースタイルは「大地に抱かれる、焚き火を眺めてゆったりできる」と、ソロかペアのキャンプ向き。なかでもヘリノックスのChair Oneはまさにロースタイルの筆頭だった。担当者は語る。

「花火大会や野外フェスに運動会など、日本独特の野外イベントには、Chair Oneはじめ

店舗2階に上がれば、広葉樹の床材が目にも温かなスペース、カフェ＆リビングをイメージしたフロアには、インドア利用を見込んだ「ホーム・デコ＆ビーチ」のモデル、チェアにテーブルがやわらかな陽光を浴びて鎮座している。

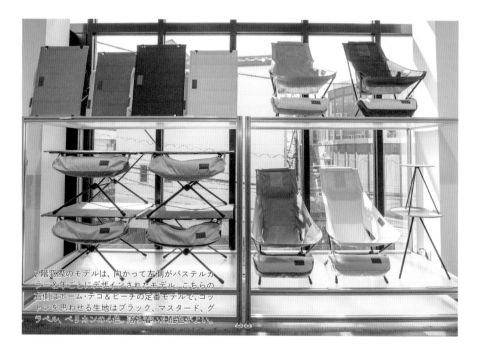

2階窓際のモデルは、向かって左側がパステルカラー＆年ごとにデザインされたモデル。こちらの右側はホーム・デコ＆ビーチの定番モデルで、コットンを思わせる生地はブラック、マスタード、グラベル、ペリカンの4色。落ち着いた配色がよい。

ロータイプのモデルが便利です。軽くコンパクトに持ち運べる利点を意識してアピールしました。でもハイスタイル製品も作られていますし、人気の商品です」

　ロースタイルのコンパクトチェアが並ぶ上段、片や下段はハイスタイルのチェアが並ぶ。ロッキングチェア（揺り椅子）式のロッキンフットは背もたれがそのまま枕になる構造、Chair Oneを高くしたようなハイスタイル、さらに「お肌の大敵」である日よけの天蓋を設けたモデルもある。

　続いて反対側に目を向ければ、こちらは下段にコンパクトテーブル、上段はタクティカル＆ミリタリーな風味を加えたチェア。目を引くのは、握りこぶしより多少小さいボールだ。これは「ビブラムボールフィート」。チェアの脚の先端に取り付ければ、砂地でも埋まらず、室内でも床を傷めない。オールマイティに使える工夫が込められている。

ウッディな内装の2階は
ホーム＆カフェ的なやすらぎがある

　レジ脇の大画面には夏でも涼やかな映像が映し出される。その傍らの階段を上がって至る2階は、広葉樹の床材が敷き並べられた温かみのある内装、純白の壁材は外光により鮮やかに照らされる。居並ぶのは「ホーム・デコ＆ビーチ」シリーズ。「日常の中にエッジの利いたアウトドア・テクノロジーをもたらす」「インドアのくつろぎからアウトドア・アドベンチャーへとシームレスに移行できる」をコンセプトに立ち上げられたモデルは、家庭のリビングにも似た店内設営にほどよくマッチしている。「ホーム・デコ＆ビーチ」シリーズ、座面の布地はポリエステルだがコットンにも似た温かみがある。

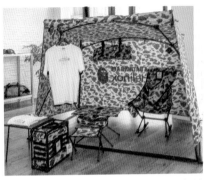

「A BATHING APE®」とヘリノックスとのコラボで生まれたタープ。左はテーブルを備えた「フィールド・オフィス・キューブ」。サイトでオフィス？

座面は床から53cmの「カフェチェア」と天板の高さ68cmの「カフェテーブル」を組み合わせれば、文字どおりのカフェ。インドアに似つかわしい。

2階の奥はヘリノックスで小物類を専門に設計・開発するライン「タグ」のスペース。「ヘリノックス」とカタカナ表記されたTシャツは外国人に人気あり。

「アウトドアの場面ではなく、実際の室内で使われるお客さまも多いです」

　背もたれが大きな「サンセットチェア」などは座面の高さ45cmのハイスタイル、重さは約1.6kgと大きめ。そして145kgの重みに耐える構造。「カフェテーブル」と合わせれば、それこそカフェのひと時を思わせるシックな構図として収まる。

　一方で窓の左側に視線を移せば、カラフルなデザインのチェアの数々。こちらは年に一度新作モデルが発表されるモデル。パステルカラーの配色にエスニック柄である。そして奥にはここ原宿の地で平成初期に生まれたファッションブランド「A BATHING APE®」（ア ベイシング エイプ）とのコラボ商品であるミリタリー柄のタープとチェア類が居並ぶ。前にあるのは折りたたみテーブルを備えた「フィールド・オフィス・キューブ」。キャンプサイトがそのままリモートオフィスとなる。機能性重視で静謐な階下のアウトドアチェアやミリタリー系、あるいは家庭的温かみのある「ホーム・デコ＆ビーチ」、ヘリノックスチェアには「静と動」「日常とイベント」「シングルとダブル」などなど、人間世界のあらゆる場面が込められているのではなかろうか。

　最後に、販売店の立場として「どんな製品があればいいか」をヘリノックスの担当者にうかがった。

「原宿・表参道という土地柄、多くのアパレルブランドが位置しています。足を運んでくださるお客さまの関心ある分野として、ヘリノックスのオリジナルウェア、ラグなどヘリノックスチェアに似合う室内空間の提供、あるいはアルミポールを利用した、一輪挿しなどもいいかと思われます」

　軽量なテントポールから始まったヘリノックスのチェア。すべての人々の思いを受け止めて、さまざまな世界へシェアを広げていく。

ヘリノックスの骨子である「DACポール」を使用したタクティカル・アンブレラは広げれば直径64cm、重さはわずか210g。スタッフにも人気の品だ。

ダイネックスとのコラボレーションマグカップ。表面には「Helinox」とアルファベット表記だが、裏返せば「ヘリノックス」とカタカナ表記。HCC Tokyoでしか手に入らない。

こちらはファニチャーの残布を使用したエコバッグ。やはりアルファベットとカタカナ表記。「日本のHCC Tokyoでしか手に入らない品」として、世界各国の観光客から大人気。

SOTO
ST-310 レギュレーターストーブ

SOTO / ST-310 REGULATOR STOVE

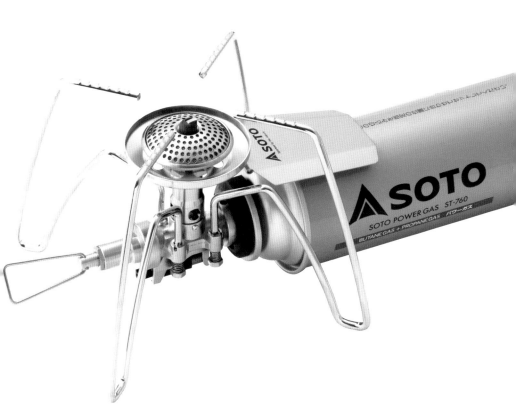

Iconic Camping Gear

6

キャンプを楽しく、便利なものにしてくれる数々のギアたち。数多ある道具のなかから自分好みの道具を選び抜き、使いこなすのもまたキャンプの楽しみだが、圧倒的に多くのキャンパーに支持される名品がいくつかある。火器というジャンルにおいて、新富士バーナーのレギュレーターストーブもそのひとつだろう。そんな名品の誕生秘話を、開発担当の西島さんと広報の坂之上さんにうかがった。

SOTOのシングルバーナーにはSTという型番がつくものと、SODという型番がつくものがある。STはSOTOの頭文字で、オートキャンプ向け。SODは「SOTO OUTDOOR」の略。OD缶を用いる商品で登山向けのシリーズとなる。

工業用品の製造会社が
キャンプ業界に参入!!

　1978年に工業用バーナーの製造会社として創業された新富士バーナー。当初は配管工事用に使用するプロパンバーナー、雑草処理に使用する草焼灯油バーナーなどを主な製品として製造・販売していたという。キャンパーにとってはアウトドア用のバーナーとして知られる同社だが、現在でも工業用バーナーは事業の柱で、ほかにもロウ・ハンダ付材料、ガーデニング用バーナーなど、燃焼器具の総合メーカーとして事業展開をしている。アウトドア製品と工業用製品の比率もほぼ50/50なのだとか。

　そんな燃焼器具メーカーが1992年にアウトドアブランドとしての歩みをスタートさせる。そのきっかけとなったのが「ポケトーチ」

という商品だ。使い捨てライターが燃料なの
に、高火力の耐風バーナーとなる本商品。火力
があるのにライターとして使うよりも使用時
間は長いという不思議な矛盾を生んでいるの
だが、それはポケトーチの燃焼効率によるも
の。後に北米の有力誌『バックパッカー』によ
るエディターズチョイスを受賞するのだが、
この高い商品開発力がキャンプ業界にもたら
した影響は計り知れない。

　かつてCB（カセットボンベ）缶を使用した
分離式のST-300という型番の商品があった。
シングルバーナーとしてはこれがSOTOブラ
ンドの原点となる。これは2020年に製造終了
となったST-301と形状がほぼ同じで、バー
ナーヘッドの下に風防の役割を果たす受け皿
がない程度の差だったという。分離式のバー
ナーはゴトクの安定性が高いモデルが多いた
めキャンパーからのニーズが高く、ST-301は
ロングセラーとなった。2019年にレギュレー
ターストーブFUSION（ST-330）が誕生した
ことでその役目を終えて廃盤となった。

　ちなみに、バーナーの型番は300からス
タートしており、310がレギュレータース
トーブ、320がG-Stoveという製品で、330が
FUSIONとなっている。これは世には出な
かった試作品として311〜319番台がある
わけではなく、開発時の構想からしてまった
く異なる製品を作る際に二桁目を変えてリ
リースしているという。マイナーチェンジを
する際には一桁目を変えて展開するため、
301という型番が存在していたそうだ。

レギュレーター
ストーブの誕生秘話

　ところで、キャンプシーンにおいて最も普
及したシングルバーナーといえば、もちろん

SOTOブランドとして累計で最も売れたのがこのポケ
トーチ。発売から20年経過してエディターズチョイ
スに選ばれ、30年経った今でも需要がある稀有な商
品だ。

分離式シングルバーナーの進化版、ST-330レギュ
レーターストーブFUSION。圧電や通電線が内蔵され
て、故障の心配が大幅に軽減された。

SOTOのシングルバーナー初代300の形状を継いだ
301。分離式でゴトクも大きく、大鍋でも安定して使
うことができた。残念ながら現在は廃盤となっている。

正確な数字はわからないが、多くのキャンパーがSOTOのレギュレーターストーブ(ST-310)を思い浮かべることだろう。何人ものキャンパーを取材してきた身からしても、最多で遭遇したのはこれであると断言できる。多くのキャンパーに愛されることになったシングルバーナーの開発時の話を、まずはデザインに携わった西島さんにうかがった。西島さんは学生時代、プロダクトデザインを専攻していたという。

西島(以下、西)「もともとキャンプ用品のデザイナーを志望していて、新富士バーナーに入社しました。最初は先輩にいろいろ教わりながらガスを充填する器具などの開発に関わっていましたが、ST-310のときに初めてデザインを任される形で開発に携わることになりました。とりわけデザインにこだわってこの形状になったわけではなく、製品そのままのいわゆる"機能美"を追求した結果、この形にたどり着いたんです」

　バーナーは連続使用していくとガスの気化熱により缶の温度が下がり火力が衰えてしまう(ドロップダウン現象)。気温の下がるキャ

ST-310の初期の製品企画書。名称は仮となっているが、「CB-1R」となっていたようだ。CB缶のシングルバーナーの「1」と「R」はレギュレーターの頭文字だろうか。

ンプ場の朝や夜も缶が冷えて火力低下は免れないが、それを調節することで安定した火力を維持するための機能にレギュレーターというものがある。本来この機能は大きなパーツになってしまうものだが、SOTOではマイクロレギュレーターというコンパクト化に成功。このレギュレーターのサイズ感を生かした形状を目指し、結果的に現状のデザインになったという。必要な機能を最小化できる技術力と、西島さんの機能美を追求する発想により生まれたのがST-310なのだ。この発売が2008年の春のこと。ST-310はSOTOにとってもキャンパーにとってもエポックメイキング的な存在になった。以降SOTOが本格的に登山シーンに参入する礎となり、次いでOD缶を使用するさらにコンパクトなバーナー、SODシリーズが展開されることになる。

SOTOのこぼれ話 1

ST-320となっているG-Stoveだが、かつてSTG-10という型番だった。2000年ごろ「G'z(ジーズ)」という、遊び心を持たせたこだわりの製品を展開するブランドがあり、そのシリーズの型番だった。しかし、SOTOとG'zがまったく別の会社のブランドのシリーズだと勘違いされてしまうため、すべての製品をSOTOブランドに統一することになった。その結果、G-StoveはST-320に振り直された経緯があるという。

2008年のSOTOのカタログの表紙および最終ページ。「日本の自然によく似合う」とあるように国産であることが強調されており、ST-310がその象徴として扱われている。

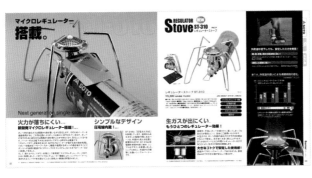

カタログの中面の一部。新開発のマイクロレギュレーターが搭載されたことが強調されている。説明を読むとやや専門的で、一般ユーザーにはピンとこなかったのかもしれない。

　ちなみに、以前からSOTOの製品を使っていたユーザーからは、西島さんが製品開発に携わることになったST-310からSOTOの製品が変わったなと感じる人が多くいたそうだ。

伸び悩む売れ行き
突破口はクチコミだった

　このように生み出されロングセラーとなったST-310だが、これほど優れた製品でありながら驚くほど入手しやすい価格設定であったことも多くの人が愛用する理由のひとつではないだろうか。そんな疑問を広報担当の坂之上さんにうかがってみた。
　坂之上（以下、坂）「当時、当社は低価格で高品質のバーナー屋さんというイメージを持た

れていたと思うので、あまり高額なものを出しても売れないだろうと考えていました。100年以上続く競合他社さんがいる市場なので、特に意識したところではあります。価格で努力しないことにはお客さまの手に取ってはもらえないだろうということで、コストを落として利益も削って販売をしていました」
　にもかかわらず、発売当初は思ったように売れなかったという。当時は現在ほどのブランド力がなかったという自己評価もあるようだが、それ以前に「レギュレーター」という言葉が一般的には耳馴染みがなく、直感的に理解されなかったことが影響していたという。
　西「使ってもらうとレギュレーターの効果はわかってもらえたのですが、使っていない、知らない人にレギュレーターの良さを説明するのが難しく、動画やPOPを作ってはみたもの

ゴトクである脚に装着させる「アシストグリップ」。バーナー使用後に脚を持つと指をやけどする危険があることから追加されたアイテムだ。これが滑り止めにもなるし、テーブルの天板も傷つけない。

正方形のコンパクトクッカー「ミニマルクッカー角」は、ソロキャンプ用の鍋としてちょうどいいサイズ感。袋麺がちょうど入るだけでなく、ST-310もすっぽり中に収納することができる。

レギュレーターストーブ専用の合成皮革でできたマルチケース。バーナー本体のほか、ウインドスクリーンなどの周辺アイテムと、その他小物類と一緒に収納することができる（ガス缶は入らない）。

点火ボタンの位置が使いにくいという声を受けて開発されたオプション品「アシストレバー」。これがあるだけで使い勝手は格段に向上した。2022年発売のST-340では標準装備となっている。

レギュレーターストーブ専用のソロキャンプにぴったりの、ミニキッチンテーブル「ミニマルワークトップ」。ミニテーブルとして使えるだけでなく、輻射熱からバーナーやボンベを保護する役割も果たす。

野外で使用するバーナーのいちばんの弱点は風だ。それを手軽に対策することができる「ウインドスクリーン」。ゴトクである脚に固定させるだけの簡単装着。調節つまみの操作のじゃまにもならない。

のなかなか伝わらずで、しばらくは啓蒙活動を続けながら低空飛行をしていました」

たしかに、ST-310のある世界になってからキャンプを始めた人からすれば、レギュレーターの恩恵を理解しにくいかもしれない。レギュレーターの恩恵というよりも、コンパクト性とレギュレーターを併せ持ったバーナーは稀有な存在だった。

そんなレギュレーターストーブに転機が訪れたのは2008～09年ごろに「山ガール」という言葉が流行りだしたあたり。従来の登山用品とは違って、ファッション性の高いアウトドアウェアをまとって山や野外フェスに訪れる女性が台頭してきたころだ。それに合わせて「女子キャンプ」というスタイルがキャンプシーンを華やかにしていく。グループキャンプのようで、ひとりひとりがそれぞれのキャンプセット一式を持っていき「個食個泊」で一緒にキャンプをする、新しい層のキャンパーが生まれた。

坂「キャンプ道具って往々にしてクチコミで広がっていくことが多いと思うんです。ST-310も当初は低空飛行でしたが、レギュレーターが威力を発揮するのは気温の低い秋冬に

なるんですよね。その時期に使ってくれた方がレギュレーターの良さを実感してくれて、1シーズンを越えたあたりから山ガールや女子キャンプのブームも相まってクチコミで広がっていったんじゃないかと思っています」

こうして多くのキャンパーの手に渡るようになったST-310。2022年段階でバーナーとしてはSOTOで最も売れた商品となっている。発売から10年以上経ったいまとなって、時に入手困難な状態になるとは、開発者としても想像もしていなかった出来事だという。

人気を支える
オプション品の数々

ST-310の魅力に、豊富なオプション品を挙げる人もいるだろう。アニメのロボットがさまざまな武器をつけ替えて装備していくように、持っている道具がアタッチメントで様相を変えていくのは高揚感を覚える。

西「弊社には開発担当者が1年間、発売した製品の電話やメールなどのお問い合わせを受けるならわしがあるんです。そこで問題点などがあれば製品にフィードバックするし、『こんなものが欲しい、こういうのがあったら便利だなぁ』などの要望があればその都度開発を検討しています。お客さまのご指摘を実際に試してみると、言うとおりだったということも少なくありません」

イベント出店時にエンドユーザーから直接意見をもらうこともあり、こうしたさまざまな場面で拾える意見を取り入れて商品開発をしているという。もちろん開発者の体験や思いつきから生まれる製品もあり、そこに加えてユーザーの意見を取り入れていった結果、数々のオプション品が生まれることになった。「点火ボタンの位置が操作しにくい」「使用後

SOTOのこぼれ話 **2**

製品番号の話。SOTOブランドの立ち上げ時にポケトーチを100番台のシリーズとしてスタートさせた。次にリリースされたのは実はランタンのシリーズで、これを200番台とし、その次にリリースしたのがバーナーだったため300番台になったという経緯がある。ちなみにガストーチは400番台。ツーバーナーは500番台となっている。周辺アイテムは3000番台などの4桁の数字が振られることが多い。

に素手でゴトクを持ったらやけどした」など
から生まれたアシストレバーとアシストグ
リップはその代表商品といえるだろう。

　レギュレーターストーブ発売当初はアウト
ドアマンのツテがなかったそうだが、ユー
ザーの声の重要性を踏まえ、現在では登山家
やアウトドアコーディネーター、インフルエ
ンサーなどフィールドを職場とする専門家の
意見を広く取り入れて商品開発に生かしてい
るという。もともとの商品力に加えて、こうし
たユーザーの声を反映していくことで使い勝
手がさらに向上して人気は不動のものとなっ
た。

シングルストーブの
進化は止まらない

　不動の人気を誇るレギュレーターストーブ
だが、さらに進化した商品が2022年にリ
リースされた。それがレギュレーターストー
ブRange（ST-340）だ。見た目はST-310に似
ているので、SOTOの型番のルールに則ると
マイナーチェンジである一桁目の変更、つま
り型番はST-311になるのではと思われた。
しかし、開発時の設計思想が異なるため、二桁
目が変わる新製品になったという。
西「われわれは従来製品の問題点を解決すべ
く新製品を開発しています。ST-310であれ
ばバーナーヘッドのサイズがやや小さく、大
きめのフライパンや鍋で使用すると中心部だ
けに熱が集中して全体に火が通りにくいとい
う課題がありました。これはオプション品で
解決できることではありません。また、もとも
との点火ボタンが押しにくいという課題点も、
オプション品ではなくそもそもの製品単体で
解決できることを目指したのがST-340にな
ります」

　ST-310ではオプション品で解決していた
課題点を製品そのもので解決することとなっ
たというST-340。やはりST-310の進化版の
ように受け取りがちだが、実はそうである部
分とそうでない部分があるという。
坂「点火ボタンの位置やゴトクの形状などは
同じですが、バーナーヘッドのサイズや燃焼
部分がまったく異なるので、われわれとして
は後継機ではなく、別の商品として認識して
います。ソロキャンプで小さなケトルやクッ
カーで湯を沸かす分にはST-310が向いてい
ます。一方、11〜19cm以上の大きめの鍋や
フライパン調理をする際は、鍋底全体を均等
に温めることのできるST-340が向いていま
す。それぞれ得意なことが異なるのです」

　たとえばソロキャンプで、焚き火で調理を
するのをメインに考えていたとしても、朝に
さっと湯を沸かしたいときなどにサブ機とし
てST-310を使っている人も多いだろう。こ
れならST-310に優位性がある。一方、焚き火
での調理は行なわず、バーナーで料理を準備
したいソロまたはデュオキャンパーにはST-
340が適している。焦げつきなどの料理の失
敗をグッと減らせるだろう。

メディアをはじめ業界ではおなじみの広報担当の坂之
上さん（左）。YouTuberの取材動画などにも出演され
ている。開発担当の西島さん（右）も、裏方ながらテレ
ビ出演をされるなどさまざまな取材に応じて、自社製
品の広報活動も行なっている。

安全性が重要視される火器を扱うため、SOTOのバーナーはすべて国内で作られている。また、全数検査されているので、実は店頭に並んでいるバーナー類は一度点火済み。そのおかげで、われわれは火器ながら安心してキャンプで使うことができるのだ。

2021年末にリニューアルされたばかりの本社工場。資材倉庫や試験室なども備えており、製造ブロックは機械課、組立課と分かれている。

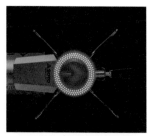

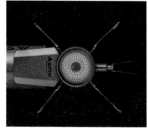

ST-310（下）とST-340（上）の燃焼時にバーナーヘッドを上から見た写真。310は中心部に熱が集中しているが、340は逆に外径に熱が集中していて、口径も大きい。

ST-310のオプション品であるミニマルワークトップとの互換性もバッチリ。このほか、アシストグリップやウインドスクリーンなども併用することが可能だとか。2022年発売の、ミニマルグリルもどちらのモデルでも使用可能だ。

何よりありがたいことに、ST-340はST-310で使っているオプション品との互換性があること。点火ボタンのアシストレバーは不要だが、アシストグリップやウインドスクリーンなどは340でも使うことができる。2021年に発売となったST-310に換装できるミニマルワークトップももちろん互換性があるのだが、実はミニマルワークトップの発売前からST-340の開発は進行しており、互換性ありきで開発されていたのだという。ST-310を使い慣れたユーザーは、使い勝手も向上してオプション品も流用できるとあればすんなりST-340も受け入れられるだろう。2台持ちとなって、キャンプシーンに応じて持っていくバーナーを変えてもいいし、オートキャンプが前提であれば2台とも持ち込んで使い分けることもできるから、さまざまなシチュエーションに対応することができる。前提として、ガス缶にも互換性があるのもありがたい。ST-310のヒット以外にも、キャンプシーンや登山シーンでユーザーのツボを押さえた商品を展開し、国産燃焼器具メーカーとして確固たる地位を築いたSOTO。この先、どんなジャンルでわれわれのアウトドアライフを便利にしてくれる商品を作ってくれるのか、今後も目を離すことができない。

トランギア
メスティン

TRANGIA / MESSTIN

Iconic Camping Gear

7

1925年創業のスウェーデンを代表するアウトドアギ
アメーカー「トランギア」。日本ではアルコールバー
ナーのメーカーとして知られているが、近年はアルミ
飯ごうのメスティン人気が非常に高い。シンプルなが
らこれほど爆発的な人気を誇るメスティンの源流を探
るべく、本国スウェーデンを訪ねた。

各パーツごとに積まれたストームクッカーが並ぶ。奥にはウインタースポーツの大会会場で飾られた、かつてのストームクッカーの看板が。レトロな広告の時代から形や仕組みは変わらない。

アウトドア先進国の
モノづくり環境

　スウェーデンはアウトドア大国。土地の所有者に損害を与えないかぎり、すべての土地で自然環境を享受できる権利が法律で認められているという。「フェールラーベン」「ホグロフス」といったアウトドアウエアや、「プリムス」「ヒルバーグ」などのキャンプギアに至るまで、さまざまなブランドがスウェーデン発で日本に輸入されている。まさにキャンプ・アウトドア先進国。『アルコールバーナー』やアルミ飯ごうの『メスティン』などでキャン

人口わずか500人ほどの小さな村にあるトランギア本社。雪に囲まれるなか、オレンジ色の社屋が印象的だ。従業員の車はフィールドに強そうなSUVが目立つ。駐車場には電源が設置されており、ラインでつないで熱を取り入れて燃料の凍結を防いでいる。

家庭用食器を作っていた当時の製品。小さなアルミケースは、スウェーデン王室仕様の石鹸入れ。

皿として誕生したメスティンの前身。ハンドルはないがこれがまさにご先祖さま。飯ごうの内蓋の形状に似ている。

パーにも広く知られる「トランギア」もまたスウェーデンが発祥である。このたび、このトランギア本社へ訪問する機会に恵まれたため、先進国の先進国たる理由を探ってきた。

　本社工場に着くとすぐ、CEOのマグナスの部屋に通された。4年半前に就任した彼は、これまで一族経営を続けていたトランギア社初の外部からの経営者だそう。

マグナス（以下、マ）「トランギア社は1925年に創業しました。当時からアルミ製品を作っていましたが、主にケトルや鍋などの家庭用品を生産していたんです。ところが30年代になると、国の政策で労働者の余暇が増え、人々がレジャーに繰り出す機会も増えはじめたんです。その需要に応えるかたちでアウトドア向けの製品にシフトしていきました。初期のストームクッカーを発売したのが1951年。当時から燃料はアルコールを使用してい

CEOのマグナスはもともとはエンジニア職。就任4年半で会社や生産ラインの改善に取り組み、この先さらなる発展を目指す。

トランギアの代表商品「アルコールバーナー（TR-B25）」（写真下）と「メスティン（TR-210）」（写真上）。独特な形状がかわいい「ケトル0.6ℓ（TR-325）」（写真右）。

ました」

　日本で働き方改革が叫ばれだしたのはここ数年の話。スウェーデンではおよそ90年前には改革が始まっていたという。アウトドア先進国たる所以を、トランギア社の歴史からもひも解くことができた。

　場所を本社奥の工場へと移し、いよいよ実際にメスティンやストームクッカーが製造されている現場へ入る。工場見学といえば、商品の原型が大きな機械の中を通り、いくつかのブロックを経て完成品になっていく、そんな様子を勝手に想像していた。しかし、実際に目にしたのは、広い工場の各所にさまざまな作業機械が点在していて、そこで職人たちが丁寧に手作業で各パーツを作り上げている姿であった。

　メスティンでいえば、クッカーと蓋部分は自動で成型されてラインで流れてくるが、ハンドルの加工やハンドルを取り付けるためのリベットはひとつひとつ手作業で加工されている。日本でメスティンが入手困難な時期が

あったが、それもそのはず。日本からの急激な注文増加への対応は難しかったのだ。

マ「トランギアのCEOに就任してから、いくつか近代的ではない部分の改善点が見えてきました。まさにメスティンのハンドルもそう。もちろん変わらない良さもありますが、近代的な要素を取り入れて生産性を高めるなど、時代やニーズに応えていくことも大切です。

マグナス就任以降に取り組まれたメスティンのハンドルカバーのニューモデル（上）。これで生産効率が向上したという。

長期の使用にも耐えられるように特に蓋の部分には、強度を出す必要性があるとのこと。また四角くて深型の本体の成型はなかなか難しいそうだ。トランギアでは、蓋と本体の素材の厚みを変えていて、それぞれ別々のアルミメーカーから仕入れを行なっているとのことだった。何年使っても変形しにくいのはそういったところにも工夫があった。

今期はメスティンの生産ラインの改善がメインで新製品に取り組めませんでしたが、来期には新製品の開発や現行モデルの改善に着手しますよ」

そこで見せてもらったのが、新しいハンドル加工機械。一本のアルミ素材が回転しながらオートマチックにハンドルに成型されていく。実に爽快な様子だ。手作業での加工と比べると、近代化によって生産性を高めることの重要度がよくわかる。

2019年はトランギア社のスウェーデン国内売り上げを日本の売り上げが初めて上回った年だったという。こうしたニーズの変化に柔軟に対応していくことが経営者には求められる。トランギア社は変革期を迎えているといえる。

一方、勤続50年になるスタッフのヤンネさんにも、メスティン黎明期の話を聞くことができた。

ヤンネ（以下、ヤ）「メスティンは、最初はハンドルのない、食品を入れる容器でした。丸い形状だったのは、当時は、現在のメスティンのような角型で深い形状を作る技術が確立していなかったからです」

そのメスティンが日本で大流行していると伝えると、彼は不思議そうにしていた（笑）。また、長年働く彼に、製品づくりで大事にしていることを聞いてみた。

ヤ「確かな製品を送り届けるには、入念にチェックをすることです。それも完成品になってからのチェックではなく、ひとつひとつのパーツを作る各作業で行なうこと。パーツの時点で不具合があれば、その場で各スタッフが不採用にしてクオリティを保っています」

たしかに、各工程でパーツが作られるごとにスタッフが仕上がりをチェックして、かなりの頻度で仕分けている。われわれにはどこに不具合があるのかわからないレベルで、パーツが未使用ゾーンに投げ入れられていた。こうしたモノづくりへのこだわりは、トランギア社に培われた伝統なのだろう。マグナス

ストームクッカーの各パーツが、広い工場に並べられている。壮観な眺めだ。

上に向かって狭まる形状のケトルも、一枚のアルミ板から精巧に形作られていく。

ケトルの注ぎ口も手作業でひとつひとつ固定されていく。実に緻密な作業だ。

1950年代のストームクッカー。バンドが革でできている以外、セット内容に大きな変化はなく、この時点でかなり完成されていた。

の語った"変わらない良さ"とは、こうした現場スタッフに根づくモノづくりの精神のことなのかもしれない。

日本人にメスティンが
受け入れられた理由

　ちなみに、工場見学の後、彼らとフィールドに出る機会もいただいたのだが、野外での調理時にメスティンが調理器具として使われる

ことはなかった。スウェーデンの人は、メスティンの名前は知っているものの、実際に調理器具として使う人はほとんどおらず、安全なイメージを持たれていることから、キャンディや食材を入れるフードボックスとして使われることが多いとか。どうやら調理器具として多彩な使い方をしているのは日本人だけのようだ。

　レシピ本に端を発して、日本で爆発的に人気となったメスティン。一時期は店舗でも購入制限がかかるなど、本国の生産が追いつか

工場内で印象的だったのは、メスティンが作業工具入れになっているさま。加工作業時に発生する端材入れなどにも活用されていた。

オートメーション化されたメスティンのハンドル加工機械。成型して切り離すまでを1個5秒ほどでこなす。

ハンドルを固定するためのリベットをひとつずつ取り付けるスタッフ。日本ではこれが炊飯時の目安になっているとは思いもよらないだろう。

ハンドルの加工はひとつひとつ手作業で行なわれていた。これは旧式だが、最新機器を導入してもなお稼働中。

通常よりも強度のあるアルミニウムを
使用し、さらに軽量化も図られたス
トームクッカー。内側にノンスティッ
ク加工を施したフライパンで肉やソー
セージを焼いて、1.5ℓと1.75ℓの2つの
ソースパンでパスタを茹でるなどがで
きるセット。Lモデルには別売りの0.9ℓ
のケトルを収納することも可能だ。

シガーソケットに対応したメスティン内のランチを温め
る商品。メスティンは、本国では主にランチボックスとし
て使われている。長距離運転手などが使用するのだろう。

加工成型も手作業なら梱包も手作業。すべての商品がひ
とつひとつ人の手によって梱包されている。

工場で働く人たちは20代から70代までと老若男女幅広
い。胸にトランギアのロゴが入ったユニホームがうらや
ましい。

アルコールバーナーの火力調節蓋の
バリ取り工程が追加されたことがあ
る。実はより安全性を高めるため、
日本から提案したことだったとか。
日本ユーザーのフィードバックも開
発の助けになっているという。

ない時期もあった。その後、100円ショップや
ホームセンターなどで似たような商品が溢れ
飽和状態を迎えることにもなった。本国では
日本でこれほどメスティンが人気になったこ
とをどのようにとらえていたのだろうか。
マ「日本のユーザーがトランギア製品を好き
になってくれてとても嬉しいですし、誇りに
思っています。日本人はモノを大事に愛着を
持って使う印象があります。そういった精神
は、トランギアのフィロソフィに通じるもの
があるので、日本でも人気を得られたのでは
ないでしょうか。日本人ユーザーの意見は、細
部にまでこだわりがあり、製品の改善ポイン
トの見直しなどでも参考にさせてもらってい
ます」

　さまざまな分野でガラパゴス的に進化する
ことの多い日本。メスティンに至っては、当事
者としては狂気じみた印象もあったが、本国で
は好意的に受け入れられていて安心した。日本

人にも通じるという、トランギア社のフィロソ
フィとはどういったものなのだろう。
マ「まず、フィールドでしっかり機能する製品
を提供することです。そして、安全で信頼でき
る製品であること、長期で使用できる耐久性
の高い製品であることを心がけています。ま
た、資源の無駄を最小限にし、修理、リユース、
リサイクルを常に念頭に置いて業務を遂行し
ています。おかげさまで、国内では伝統ある知
名度の高いブランドとして広く認識されてお
り、2020年にはスウェーデンのアウトドア
雑誌『Sportfack』でブランド・オブ・ザ・イ
ヤーを受賞しました」

　フードコンテナとしての利用が主だった本
国でのメスティンも、最近ではSNSなどの影
響で日本のメスティンを使ったアウトドア
クッキングに触発されて、メスティンクッキ
ングを探求する人も増えてきたという。それ
こそ炊飯のようなアジア料理にチャレンジす

る人が増えたとか。日本発信で本国にブームを生んだとすればこれは誇らしいことだ。

マ「もともとスウェーデンではアウトドアクッキングといえば、トランギアのフラッグシップモデルのストームクッカーが圧倒的人気でした。確かな機能があり、簡単に使用できるのが特徴ですが、何より燃焼音が静かなので、フィールドで自然の持つ静寂を楽しみたい人に支持されています。使うのに特別な知識がほとんど不要なので、子どもと野外調理を学ぶ教材としても使われています。また、自然災害などで停電になった場合の備えとして、家に置いておくこともできる点でも支持されています」

日本でも登山は人気のアクティビティではあるが、主にピークを目的とする点で欧米でのハイキングとはやや方向性が異なる。そのため、ややかさばる印象のあるストームクッカーを日本の登山シーンで見かけることは少

ないかもしれない。しかし、実際に使ってみると、無音の火器は心配になるほど静かだ。そして風の影響を受けにくい設計で、野外調理を完璧にこなしてくれる。これほど完成度の高いクッキングシステムは類がない。メスティンやストームクッカーから学びとれることは、やはり名品はいい意味でシンプルなのだ。そのもの自体に多くの機能があるわけではないが、シンプルがゆえにユーザー側の創意工夫を引き出す。長く人々に愛される商品には、そうした共通点があるように思える。

最後に日本人キャンパーにメッセージを！

マ「今後、メスティンと一緒に使える新しいアクセサリーなど、メスティンで調理を楽しむ日本のユーザーに興味を持ってもらえるようなものを開発できればと思っています。日本の皆さんに私たちが考えたアイデアに投票してもらって、最も票が集まったものを新製品にするのも面白そうですね」

トランギアのスタッフと一緒にストームクッカーをフィールドで使うマグナス。本国スウェーデンではハイキングなどのアクティビティ時のランチタイムに使われることが多い。

Iconic Camping Gear

8

ロッジ
キャンプオーヴン 10 インチ DEEP

LODGE / 10 INCH/5 QUART
DEEP CAMP DUTCH OVEN

オートキャンプが定着した90年代に日本に紹介された、アメリカ生まれの重厚な鉄鍋「ダッチオーブン」。直火の熾火に囲まれて「煮る」「焼く」「蒸す」「炊く」「揚げる」「炒める」、果ては「燻す」までもこなしてしまえる万能調理器具だ。本場アメリカで最大のシェアを誇る鋳物会社「LODGE」のグレッグ・マイヤーさん、そして日本のダッチオーブン史を共に歩んだ青柳さんに話をうかがった。

焚き火の魅力は直火、その熱気を受け止めるダッチオーブン。上火を載せてもこぼれ落ちないフランジ（縁）の工夫は、LODGEの製品において完成されたものだという。西部開拓が一段落した後のことだ

アメリカ西部開拓を担った
黒い鉄肌の魅力

　キャンプスタイルに流行り廃りがあるのと同様、キャンプ料理にも流行の推移がある。三角テントを立ち上げて、アルミ飯ごうで飯を炊き上げ、大鍋のカレーをかけて喰らうのが昭和中期のキャンプスタイル。女子一人で軽量テントを立ち上げ、メスティン料理をSNSにアップするのが令和スタイルだろうか。飯ごうにメスティン、いずれもアルミ製の調理器具である。熱伝導に優れるアルミの薄い躯体は、バーナーの熱を速やかに食材に通して調理時間短縮。そしてアルミは軽い。何よりも

軽い。「重さ」が行動の重大な妨げとなりうるバックパックには何よりもありがたい。だからこそアウトドアシーンを席巻し、そして定番であり続けた。だが平成ヒトケタ時代の1990年代、アルミ鍋の対極ともいえる調理具が日本のアウトドアシーンに到来した。それこそが「ダッチオーブン」である。

　ダッチオーブン。本体も蓋も鉄製の鍋。鍋の肉厚は数ミリに達する鋳鉄の躯体は重い。蓋の重さも相まってさらに重く、一般的なサイズのものでも約5kgに達する。だが肉厚のボディは焚き火の熱を受け止めて蓄積する。鉄製の蓋の上に熾火を載せることで、内部の食材は上下からの熱伝導を徐々に受け止め、妙

なる滋味が生まれる。

　ダッチオーブンは重い。だからこそ、愛車に装備一切を詰め込みサイトへ繰り出す「オートキャンプ」が一般化した昭和後期以降、そして高度経済成長後に一息ついた日本人が「本物」を求め「家庭の味」に立ち返り、野外においても「即席ではない、本物の家庭料理」を求めるなかで紹介され、定着していった。

オランダ人が売り歩いた鍋が
西部開拓を担った

　ダッチオーブンは、アメリカ生まれの鋳鉄鍋である。名前を直訳すれば「オランダ人のオーブン」である。アメリカながら、なぜオランダなのか。そこには西部開拓の歴史が深く関わっている。1492年にクリストファー・コロンブスが白人として初めてアメリカ大陸に到達し、ヨーロッパは「新大陸」の発見に沸き立った。1620年には、英国の南西部から開拓民を乗せて出航した「メイフラワー号」が現在のアメリカはマサチューセッツ州プリマスに到来し、以降、イギリスを中心に続々とヨーロッパ人がアメリカ東海岸に進出、18世紀初めまでには大西洋沿岸に13地区のイギリス植民地が形成される。やがてイギリス本国との戦争、いわゆる独立戦争中の1776年に植民地は独立を宣言し、ここに「アメリカ合衆国」が成立することになる。

　北米大陸に入植したのはイギリス人が主だった。英国から独立してアメリカが生まれた。だが、アメリカに入植したヨーロッパ人はイギリス人のみではない。ここに重要な役割を果たしていたのがオランダ人である。アメリカ経済の中心地・ニューヨークの地に初めて白人が住みついたのは1614年ごろ、オランダ人がネイティブアメリカンとの毛皮交易のため設営した植民地が起源である。その地はオランダの首都にちなみ、「ニューアムステ

火中のダッチオーブン。手前の縁の無いダイネは「ビーンポット」（豆の鍋）と呼ばれる、改良前の「ダッチオーブンの元祖」に平底なので焚き火にかける場合は、共にロッジ製品のゴトクに載せるのがよい。

ご回答をいただいたのはLODGE本社で国内、海外セールス、フードサービスマネージャーを務めるグレッグ・マイヤーさん。ロッジの発展は「何世代も人々に愛される、使い続けられる製品を作ること」。

1950〜60年ごろの、LODGEの鋳物工場。炉で溶かした鋳鉄を取鍋に受け止め、手作業でひとつひとつ鋳型に流し込んでいく。工場の建物も木造の素朴なものだった。現在とは隔世の感がある。

現在の、LODGEの鋳物工場。設備こそ近代化されたが、最終的なチェックは人の作業が不可欠である。LODGE製品はダッチオーブンやスキレットなど鋳物以外に、炭素鋼のフライパンも手掛ける。

ルダム」と称された。後の1664年に、ニューアムステルダムは英国軍の襲撃を受けて降伏し、「ニューヨーク」と改名された。だがオランダ人はその後もニューヨークその他の英国植民地に住み続け、雑多な品物を荷馬車に積んでは訪問販売に勤しんでいた。それら品物のなかに、分厚い鋳鉄の鍋があったという。オランダ人が売り歩くから「ダッチオーブン」。分厚い鍋肌は炉の熱を受け止め、内部の食材にジンワリと熱を送る。固まり肉のロースト肉、畑のニンジンに芋、あるいはパン種……。煮る、焼く、蒸す、炊く、炒める、あるいは燻す。石組みオーブンなどの整ったキッチン設備がなくとも、これひとつあれば当時のヨーロッパ料理の調理方式をすべてこなせる。そんな便利な鍋だからこそ、高価だった。貧しい開拓民にはおいそれと手が出なかった。だが新天地での生活がある程度落ち着けば競って買い求め、食卓を豊かにしていった。

　さてアメリカ独立戦争が終結した1783年、日本では江戸時代後期に差しかかるころだが、移民たちはある程度開拓された東海岸やミシシッピー川を越え、より西へ西へと進出していった。いわゆる西部開拓時代の到来である。牛が引く幌馬車に家財の一切を詰め込んだ移民たちは野を越え、川を渡り、あるいは山脈を踏破してかの地を目指していく。寝床は幌馬車、台所は野外。整ったキッチンなどあるはずもない大平原の中、焚き火に掛けられたダッチオーブンが移民の活力を担った。重曹を混ぜ込んだ練り粉を仕掛ければ、即席のパンが焼ける。おかずは干し肉とともに煮込んだ豆。味気ない保存食も、分厚いダッチオーブンが抱え込んだ熱で滋味へと生まれ変わり、開拓民の血肉となる。こうして数カ月、ときには半年にもわたるキャラバンの末に、開拓民は「アメリカ」の領土を広げていった。ダッチオーブンはいわばアメリカの魂である。

オートメーション化された、現在の工場設備。黒光りするスキレットはすでに大豆油を塗り付けてのシーズニング加工が施されている。日本はじめ世界各国に出荷された製品は、購入後すぐに使える。

ダッチオーブンの老舗「LODGE」
地の利と技に恵まれ市場を席巻

さて、前記のようにダッチオーブンが日本に紹介されたのは昭和末期から平成初期にかけての時代だった。そして、最初に紹介されたのはテネシー州の鋳物業者にして北米一のシェアを誇る「LODGE」の製品だった。LODGEが生まれ現在でも本社を構えるのはテネシー州はサウスピッツバーグの街。さて小誌をお読みの年代ならば、中学校の地理の時間、北米の工業都市、製鉄業の盛んな地として「ペンシルベニア州、ピッツバーグ」を教えられた方も多かろう。当、サウス＝南のピッツバーグは、その「本家ピッツバーグ」から南下して移住した人々が興した町。その地にジョセフ・ロッジが鉄工所を創業した。時は1896年、南北戦争やカリフォルニアのゴールドラッシュを経てアメリカ西部開拓が一息ついた時代。これこそが、いまに続くLODGEの起源である。

工業をはじめ、なんらかの産業が特定の地に興るには、それなりの「地の利」が伴うものである。たとえば本邦で「鋳物の名産地」といえば岩手県盛岡市、富山県高岡市、そして埼玉県川口市である。「南部鉄器」として名高い盛岡は周辺の山岳地帯で山鉄が産する地勢に加え、平安時代末期には奥州藤原氏が仏具鋳造の鋳物師を庇護し、江戸期には茶の湯を愛した歴代南部藩主が茶釜を作らせた。越中国の高岡では仏具の鋳造に加え、日本海を航行する北前船が蝦夷地での錬粕製造用として大釜を求めたことが、発展の追い風となる。埼玉の川口は荒川の川砂が鋳物の砂型の素材として最良だったのに加え、「江戸」という大消費地を抱えていたことが発展の秘訣である。LODGEが生まれたテネシー州サウスピッツバーグにも「地の利」があったのだろうか。われわれの疑問に、現在のLODGEで国内、海外セールス、フードサービスマネージャーを務

キャンプオーヴンは三本脚だが、その他の製品は平底なのでガスコンロや電磁調理器でも問題なく使用できる。壁にはスキレット、右からスキレット12インチ、ラウンドグリドル、キッチンオーブンループハンドル。

めるグレッグ・マイヤーさんは答える。

「創業者のジョセフ・ロッジがサウスピッツバーグの地に会社を設立したのは、地の利を見越してのことですよ。当地は鉄鉱石や石炭など、アパラチア山脈の鉱産資源、製鉄に欠かせない地下資源に恵まれています。そして街を流れるテネシー川はオハイオ川の支流であり、オハイオ川の水系をたどればアトランタやナッシュビルのような大きな町への交通の便もよい。この街で125年間、家族経営のスタイルと高価なキャストアイロン（鋳物）製品を作り続けています」

オハイオ川は北米最大の大河・ミシシッピー川の支流である。ミシシッピー川に出て下れば南部のニューオーリンズ、支流のミズーリ川を遡れば西に向かい、そのまま西部開拓時代の街道に連なる。だが、もちろんLODGEの成功は「地の利」のみにとどまらない。他社製品と比較しての長所をグレッグ・マイヤーさんは続ける。

「鋳鉄製のダッチオーブンは、何世紀にもわたり人気ある調理器具でしたが、LODGEがキャンプオーブンとして完成させました」

その工夫が、「三本脚」のキャンプオーブンである。仮に平底の鍋を直に熾火の上に置けば、薪への酸素の流入が妨げられ、火勢が落ちてしまう。だが三本脚があればこそ、酸素の供給は妨げられず火勢が安定する。そして蓋の上に載せた「上火」の上に一回り小さなサイズのキャンプオーブンを載せれば、たとえばダッチオーブンを1基しか据えられないような小さな火床であっても二段重ねで2基の調理を同時に行なえる。しかも三本脚は安定性にも優れている。そしてダッチオーブンは鋳鉄製の鍋である。分厚い鍋肌の長所は、ときに欠点にもなりうる。「重い」ことに加え「初回仕様時にシーズニング、つまり「慣らし」が必要、ということだ。新品の中華鍋を使うにはまずガンガンに熱して錆止め塗料を焼き切り、タワシでこすり落としてから油をひいてクズ野菜を炒める。それを何度か繰り返したうえで、ようやく調理に使ってもよい状態となる。

ダッチオーブンも鉄鍋である以上、同様の作業は不可欠。とにかく面倒なものだった。だが2002年、LODGEは業界に先んじて、「プレシーズニング」済み製品の開発に成功した。大豆油をひいてシーズニングした製品は焼き切りの手間などなく、即座に素材を仕掛けて焚き火に掛けられる。

「この製品が発売される以前は、シーズニングの工程を通して経年変化を作り上げるのに数年のプロセスが必要だったことを、いまのユーザーは知らないかもしれませんね」

創業120年以上の歴史のなか、家庭の熱源は薪や石炭からガス、さらに電磁調理器へと移り変わる。すべてのLODGE製品は焚き火のみならず、ガスに石油、あるいは電磁調理器と、すべての調理用熱源に対応できる。

最後にグレッグ・マイヤーさんはこう力説する。

「人々に愛され、何世代にもわたって使い続けられる製品を作る。この精神でLODGEは成長してきました。LODGEの需要は過去数十年にわたって伸び続けております。特にパンデミックの折は、多くの人々が家庭に立ち返ったために家庭用調理器具への関心が高まりました。わたくしどもは、LODGE製品を買い求める人々の強い需要に応えるため、鋳造工場に新たなラインを設置し、消費者の皆さまに愛される製品をお届けできるよう、さらに尽力しております」

西部開拓時代に興った鋳物屋は経済成長、さらにはパンデミックと時代の変革を経て、芳醇な滋味を受け継いでいく。

アメリカから日本へ渡り
「おふくろの味」を抱きしめる

前記のように、ダッチオーブンが日本に紹介されたのは昭和後期から平成初期にかけて。機材一式、重いグッズも自家用車に詰め込ん

LODGEのミニサービングボウルで作られたスイーツ「ベリーピーチコブラー」。缶詰の桜桃、ブルーベリーに砂糖、薄力粉、バターを練った生地を載せてオーブンで焼き、アイスクリームを添える。

日本におけるLODGE製品輸入代理店「A＆F」の直営店。所在地：東京都新宿区新宿6丁目27-56 、電話：03-3209-0750　最寄り駅は副都心線か都営大江戸線の東新宿駅。20時まで営業。

インディアン風のブランケットで飾られた、アメリカンテイストの店内。岩を模した正面のオブジェは、当店の誇り。画面背後には職人の手による本物のカナディアンカヌーがある。

木のぬくもりを生かした、LODGE製品コーナー。昨今では重厚なダッチオーブンよりも、キッチンで、片手で扱えるスキレットが人気。黄色い柄のカバーは、200度以上に耐えることができる。

でサイトに繰り出す「オートキャンプ」が確立されてからのことだ。ダッチオーブンはじめLODGE製品の輸入を取り仕切るのは、都内新宿のA＆F社。本社の入るビル1階に設けられた直営店を訪問し、往時を知る青柳直孝さんから話をうかがった。

「ダッチオーブンが日本に入ったのはやはり90年代ですね。バブルが一段落したころでしょうか。そのダッチオーブンの紹介に一役買ったのは、やはり西部劇のイメージです」

　平成ヒトケタ時代といえば、バブルの余波が多少なりとも残っていた世相。そして、当時の世間を動かしていた世代の幼少期といえば高度経済成長時代だった。当時のテレビといえばアメリカの西部劇である。

　藤子・F・不二雄の「ドラえもん」や、「ジョジョの奇妙な冒険」の作者・荒木飛呂彦の初期作品には西部劇に範を取った作品が多い。戦後のその時期に幼少、若年時代を過ごした彼らの脳裏に焼き付いた西部劇、そして荒野のガンマンらの煮炊きを担うのが、ダッチオーブンだった。

「1996年にJDOS（ジャパン・ダッチオーブン・ソサイエティー）という会が立ち上がりました」

　今も会長を務める菊池仁志氏は文筆家にしてイラストレーター。西部劇の名作「ローハイド」の世界観に憧れて渡米し、ネバダ州でカウボーイ修行中にダッチオーブンの魅力に惹かれ、日本に紹介。そしてアメリカ本国・LODGE社の協力も取り付けて「JDOS」を立ち上げた。今や会員は日本全国で1400人以上、関東に関西、中部に北海道と各地で行なわれたイベントはこれまで50回を数える。

「そのイベントなどを通じてダッチオーブンが日本に受け入れられていくなかで、面白いものがあります。こちらです」と示してくれたのは、いまや日本におけるロッジのダッチ

オーブンの定番「キャンプオーヴン　10イン
チDEEP」だ。

「こちらがアメリカ本国の製品。こちらは直
径約10インチで深さは8cmです。でも食習慣
や作る料理の違いのせいか、日本のお客様に
とっては『浅い』んですよ。そのため約2cm深
くした『DEEP』が生まれました。この深さな
らば、丸鶏でもすっぽり入ります。ダッチオー
ブンでJDOSの要望にLODGEが応えて開発さ
れた製品です」

　深さ11cmのDEEPはローストチキンはも
とより、煮込みに炊き込み飯など「日本的」な
料理……「煮る」「炊く」「蒸す」の面でしっ
かり対応してくれる。日本の田舎のかまどに
掛けられていた羽釜のイメージだろうか。そ
して深さ11cmのDEEPタイプは、アメリカ本
国でも人気だという。

　素材の持ち味を抱き込んで滋味に昇華させ
る分厚い鍋肌、ダッチオーブン。だからダッチ
オーブンは大きくて重い。昨今のアウトドア
シーンの流行は「ソロキャンプ」「おしゃれ
キャンプ」「キャンプ女子」。熱源は簡易バー
ナー、調理器具はアルミ製の「浅型飯ごう」で
あるところのメスティン。ダッチオーブンは
じめ重い機材を詰め込んでのオートキャンプ
の対極にある。青柳さんは語る。

「ダッチオーブンがいちばん売れたのは
2000年ごろでしょうか。でも、現在では徐々
に売れ行きが下がっています。これは国際的
な傾向のようで、アメリカ本国でも同様のよ
うです。現在では焚き火ではなくガスや電磁
調理器でも扱える、そして女性の力で、キッチ
ンで片手でも簡単に扱えるスキレットが人気
です。これならキャンプサイトに持ち出さず
とも、毎朝の目玉焼きを作るときなどでも、気
軽に『鋳鉄の魅力』を体感できますね」

　そしてLODGEのスキレットには、ダッチ
オーブンにはないひと工夫があるという。

スキレット6.5インチ。外径は約16.5cmで、深さは3
cm、重さは900gほど。別売りのスキレットカバーをか
ぶせることでダッチオーブン同様に蓄熱し、フライパ
ンでは得られない滋味が生まれる。

スキレットカバーの裏面。熱することで内部に溜まる
水蒸気は水滴になり、突起のひとつひとつを伝って食
材に滴り落ちる。結果として水分を一滴も逃すことな
く、「ジューシー」な仕上がりとなる。

裏面にヘラジカやハイイログマなどアメリカを象徴す
る野生動物を刻印した大型スキレットは直径30cmほど。
脚付きのダッチオーブンは、重ねれば「上火がそのまま
下火になる」効果で合理的。

ネイチャークラフト作家＆アウトドア料理人の長野修平さん監修による「丸鶏粥」。鶏が丸ごと入る深型ダッチオーブンと、「炊く」調理は、やはり日本のアウトドアシーンならではのもの。

「この蓋の裏側を見てください。ダッチオーブンの蓋の裏側はツルンとして、ひっくり返せばフライパン代わりにもなります。でもスキレットの蓋は、このとおりいくつもの突起がありますね？　火にかけることで内部で発生した水蒸気は蓋の裏側に付いて流れ落ちる。蓋の裏全体に配置されたこの出っ張りを伝って滴り落ちることで、素材に直に、均等に降り注ぐ。蓋と鍋の隙間が水分で密閉される『ウォーターシール効果』と相まって、食材をジューシーに仕上げられます」。

最後に「ダッチオーブンで作るおすすめ料理」をうかがってみた。青柳さんが語る。

「面白いものでね、最初はローストチキンにポークビーンズと、本場アメリカ風のこってりした肉料理を勇んでイベントで作っても、そのうちにあっさりした料理を作るようになってしまうんですよ。鯛の炊き込みご飯なんかかな。黒豆を煮るのもいいですね」

すると、Ａ＆Ｆマーケティング部の川上さんが言葉を添える。

「ひじきの煮つけなんかいいですよ。油揚げなんかを入れてね。本当にふっくらと仕上がります」

「あと、小豆を煮込んで餡を作っても最高ですね！」

青柳さん、川上さん、本店店長の平戸さんも交え、「おすすめ料理」で盛り上がる。

ちなみにアメリカ本国のグレッグ・マイヤーさんにも「ダッチオーブンで作るおすすめ料理」をうかがったところ、「レディースナイト・アップルクリスプ」（りんごとシナモン、オート麦を焼いたサクサクのデザート）、「オールド・ファッション・インフューズド・ポーク・ベリー」（ベリーとバーボン風味のローストポーク）、「チョコレート・バー・チリ」（唐辛子とチョコレート風味の野菜スープ）とのお答えをいただいた。世界各国には、それぞれの伝統料理がある。アメリカ生まれの鍋は、それぞれの食文化を抱き込んで「おふくろの味」に育て上げていく。この面白さ！

MONORAL
ワイヤフレーム

MONORAL / WIREFLAME

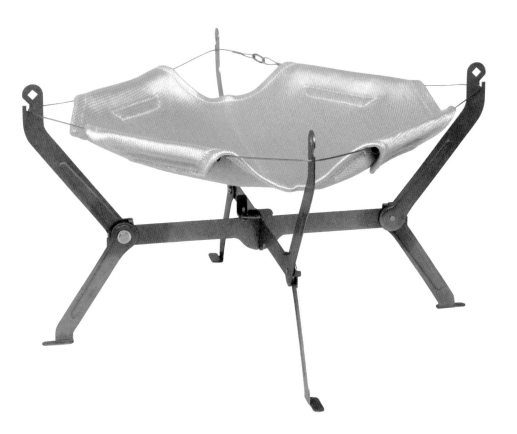

Iconic Camping Gear

9

特殊な不燃布をワイヤーで吊って火床にするという、これ
までになかった斬新な発想の焚き火台でキャンプシーン
を驚かせた「MONORAL」。ワイヤフレームと名づけられ
た、ギミックに溢れた焚き火台の発売からおよそ10年。ブ
ランドの軌跡とこれからの展望を聞いた。

発想の転換から生み出された初の商品、「ワイヤフレーム」。特殊な不燃布を、機能性を重視しあえて採用した。コンセプトは「連れて歩く焚き火台」。いまでは布もオリジナルで作っている。

焚き火を浮かせて早10年。提唱する マイクロキャンピングとその心とは!?

　モノラルは2010年に創設されたアウトドアブランドだ。その規模感からガレージブランドとして語られることも多い。不燃布をワイヤーで吊るし、浮かせて火床にする焚き火台「ワイヤフレーム」を日本のアウトドアシーンに送り出し、エポックメイキングなそのつくりの新しさと面白さから、シーンの話題をさらった。

　現在では焚き火台も4種類にまで進化拡張し、ユーザーの細かいニーズに応えられるよ

うになっている。ほかにもペグやタープなどいくつかの商品バリエーションをそろえているが、それらはミニマムなものばかりで、どこか通底したものが感じられる。東京の外れにある秘密基地のようなモノラルの事務所に伺い、創業者でデザイナーの角南さんにお話をうかがった。

「もともとキャンプが好きだったというわけでは無いんです。僕は自転車、特にマウンテンバイクが大好きでした。大学時代、長い休みになると、すぐにマウンテンバイクに荷物を積んで、いろんな場所に出かけては野宿をしていました。学生なのでお金もないんだけど、野

宿なのでお金もかからないですから（笑）」

　年間を通じて100泊は、そうした自転車での野宿旅をしていたそうだ。淡々としたその姿からは想像できない行動力である。しかし、そのころはまだキャンプギアに対しての興味はそれほど強くはなかったのだという。

「よく一緒に旅していた友達がいたんですけど、彼が使っていたコッヘルを初めて見たときに衝撃を受けたんです。湾曲した取っ手が折りたためて、重ねてスタッキングできる鍋っていうものをそのときに初めて見て、なんじゃこれは！　こんな物があるのか!?って、すごく感動したのを覚えています」

　自分の体を使って動力を生み出しどこへも行ける、自転車という自由な乗り物に取り憑かれていた当時の角南青年は、マウンテンバイクでの旅に夢中で、アウトドアギアに対しての興味はいまだそこまで強くはなかったそうだ。自転車でのツーリング旅を通して、キャンプ道具とアウトドアギアの利便性や機能性を体験し、知識として蓄積していった時期だったのだろう。

　その後、通っていた工業大学を卒業し、家具会社にデザイナーとして就職した。そこでは、主にベッドとその周りの棚などの製作と販売をしていた。

「何人かいるデザイナーのうちの一人として5年くらい働きました。ベッドにデザイナーがいることなんて、普通の人にとってはどうでもいいことだし、言ってみれば日陰の存在だと思うんですが、それが逆に面白かったです」

　そもそも角南さん自身、布団派、もしくは地面にエアマット派（そんな派閥があるのかは別にして）だったにもかかわらず、ベッドのデザインをすることになった。すでに日本の家具市場は縮小しはじめていて、デフレもあって安いものが求められた。社内でも、低コスト

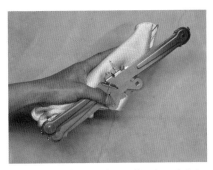

つや消し加工が施されたプレート状のパーツをリベットで接合し、折ってたためる仕様のフレームに、ソフトな不燃布を火床に用いることで、軽量・コンパクトに収納可能となった。

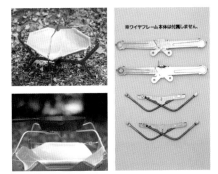

オプションの五徳は要望も多かったアイテムだ。プレート形状とワイヤー形状の2種類が用意されている。きちんと設置すれば軽い鍋なら置いて使える。無駄のないソリッドなデザイン。

ステンレスメッシュの火床。鎖カタビラのような構造で強くて美しい。火床のオプションだが最新作のワイヤフレーム ソリッドからは標準設定となった。通気性も抜群なのでよく燃える。

パソコンのモニターで、CAD（設計用ソフト）の図面を見せてもらった。細部まで完璧に描かれ、立体形状が実物同様に出来上がっているのがわかる。自由な発想と緻密な計算がここで融合されるのだ。

でとにかく安く作れ！と要求されたそうだ。さらに社内のデザインコンペのときには、予めおおよその販売価格が決められており、デザイナー自身が事前に工場ともやり取りし、材料の原価や加工賃まで割り出し、そこから利益率まで出してデザインと一緒にコンペで提示させられたそうだ。

「そのときの上司の仕事ぶりがすごくて。彼も布団派でベッドは使わないのに、彼の作ったものはよく売れたんですよ。若いデザイナーは、好きなものとかカッコいいものとか、自分の思いを反映させがちなんですけど、それが売れるとは限らないし、良いものとも言えないんだなって。それを見たときに、言い方は悪いかもしれないですけど、プロダクトデザインって、魚釣りの餌っていうか、ルアーを作る作業みたいだなって思ったんです」

きっとそこには、押さえるべきツボのようなものがあったのだろう。市場のニーズを捉

えたものを、売れる価格に落とし込んでデザインする。そこにオリジナル性も盛り込めたとしたら……。このころ、「プロダクトをデザインする」ことの本質が理解できたそうだ。

「デザインと利益率は連動してるんだってことを叩き込まれた5年間でした。プロダクトデザインとクリエイティブには、どうやれば

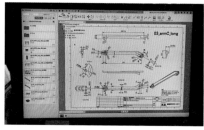

完成形とは別に各パーツごとを描いた図面。組み上がった完成形と、バラバラにした展開図。これで海外の工場とも簡単にやり取りができるそうだ。プロダクトデザイナーの頭の中ってすごい。

作れるのか、いくらで作れるのか、どれくらい
の規模で作って売れば損益分岐を超えられて、
最終的に利益が手元にいくら残るのかってい
う、マネジメントサイドから見たモノづくり
の基本があって。いま思うと、そこでモノづく
りの基礎を教えてもらいましたね」

　好きにできない不自由さ、原価も気にして
利益も考えなくてはならない。当時は嫌で仕
方がなかった。しかし、いまとなってはそのと
きの経験がすごく役に立っているという。
「もちろん、デザインすることってお金だけ
じゃないってこともわかっていました。流行
も含めて、多くの人が吸い寄せられるデザイ
ンやテイストというものは、確かにある気が
します」

　いわば5年間の修行期間を経て、デザイ
ナーとして独立した。独立当初は、自宅のパソ
コンで企業のウェブデザインや名刺、チラシ
などのデザインを請け負っていた。しばらく

インタビュー中も、奥でずっと音を出して稼働してい
た3Dプリンター。簡単なサンプルはこれで出力し、検
証とテストまで持っていけるそうだ。このときは車の
パーツを作っていた。

本来キッチンだったはずの場所は、すっ
かりアトリエの様相。角南さん曰く、キッ
チンはモノづくりをする場所として最高
なのだそう。換気ができて水も使え、火
や熱の出るものも使える。言われてみれ
ば確かにそうなのかも!?

左から、初代製品ワイヤフレーム、軽量でコンパクトな廉価版ワイヤフレーム ライト、3本脚で軽いワイヤフレーム フェザー、最新作のワイヤフレーム ソリッド。剛性感も増し、メッシュが標準装備になった。

すると、プロダクトデザインの仕事もくるようになった。事務所も引っ越し、新しい備品も入れて、さらに拡大しようと考えていたときに、ふと限界を感じたそうだ。

「独立してデザインの仕事を数年続けて信用も得て、少しずつプロダクトデザインの仕事も請け負うようになったんですが、一人でデザインを請け負って上げられる収益には限界があるってことが見えてきたんです」

それまで以上の収入を得ようと思うと、アシスタントを雇って仕事の数を増やすか、自身が有名デザイナーになって単価を上げるしかない。でも、自分でブランドを起こし、プロダクトを作ってたくさん売れば、それが稼いでくれるのではないか？と考えた。

「それと、やっぱりデザイナーって、新しいものの見方とか世界を提示するってことができる職業だと思ったんです。プロダクトをデザ

インして新しい何かを作り出すっていうことが、新しい価値観を提案する仕事でもあるし。それで、アウトドアの世界はそういうものの評価がすぐに表われるし、すごく楽しそうだなと思ったんですよね」

ずっと自転車のシーンの動向はチェックしていた。それと同時に海外、特にアメリカのアウトドア業界と、新たに勃興しつつあったウルトラライト（UL）のシーンの動きも気になっていたという。

「自転車業界って、新しいモノが出てきても、それが定着することってなかなかないんです。だけどアメリカのアウトドアのシーンを見ていると、毎年のように新しいブランドが出てきたり、新たなギアの提案が出てきて面白いなぁって思って。それと当時、大きなムーヴメントとして『ウルトラライト』っていうカルチャーが出てきて。それまでの登山って、しっ

かりとしたつくりの40リットルくらいの
ザックを背負って、ガッチリした厚いソール
の登山靴で登るっていうのが当たり前だった
のに、ULの人たちは薄いソールの軽いスニー
カーとかサンダルに、ペラペラな素材のザッ
クで山に行っちゃうし。それを見た人たちも
自分もやってみよう！っていう感じで参加し
ていて、シーンがどんどん広がっていて、面白
さとダイナミズムを感じました」

　そんな新しい世界のプレイヤーに自分もな
りたいと思い、アウトドアブランドをやろう、
と決めたそうだ。まずはブランドのコンセプ
トを、"マイクロキャンピング"とした。たく
さんの道具を運んで使うオートキャンプと、
削ぎ落としたウルトラライトの中間を狙った。
「マイクロキャンピングを言葉にすると、人
力で運べる範囲でのんびりキャンプしようっ
てことです。ミニマルなキャンプスタイルっ

ていうか。今後はソロキャンプも流行るだろ
うな、と思っていましたし」

　きっとそこには、学生時代に明け暮れた、自
転車ツーリングからの影響もあっただろう。
「ブランドを始めて、それを成長させていく
のにはどうしたらいいか？ってことを、すご
く考えました」

　自前の資金には限りがあって、大きな初期
投資は難しい。競争が激しいジャンルは消耗
戦になるので避けたい。自転車も作ってみた
いと思ったけど、開発に費用がかかり過ぎる。
手持ちの駒で、何ができるのかを考えた。既製
品と同じようなものを作っても、先行メー
カーは開発費は回収済みだから、それより安
くは作れない。それなりの値段でも買っても
らえるものはなんだろう？　いかにお金をか
けずに商品力のあるものを作るか、それがで
きる商品は何か？をとことん考えたそうだ。

ギミックを考えるのが個人的にも好きだという角南さん。ユーザーも自分なりの使い方を見出して使ってくれて、それも面白い。自転車や徒歩など、人力で運んでいけるキャンプ道具もコンセプトのひとつだ。

「考えていくうちに、焚き火台って、求められる機能もつくりもそんなに難しいものではないって気づいたんです。まだ大手の数種類しかないっていう状況だったし、つくりも加工も簡単。必要な機能としては、熱に強いただの台だなって思って」

　角南さんがいつも意識している言葉に、"Hot Simple & Deep"というものがある。Hotはキャッチーさや斬新さ。Simpleはわかりやすさ。Deepは長く使い続けられる奥深さといった意味だ。

「AppleのSteve Jobsの言葉らしいんですが、デザインの仕事でいつもクライアントにそう言って提案していたので、自分もそうでないと立場がなくなるな、と思いました（笑）」

　まずはコンパクト、という機能性を押さえようと、金属のプレートの土台にリベットを入れ、折りたためる仕様を決めた。さらに、火床も柔らかい素材で折りたためるようにするという、独自の特徴の追加を思いついた。

「世の中にない焚き火台ってどんなものがあるだろう？ってところから考えはじめて。折りたためてコンパクトになれば、ザックにも入って自由に持ち運べるなと。そのころのものはどれもパネルやパイプを組み合わせたもので、たたんだ状態でも大きかったので」

　軽くてコンパクトになれば、多少値段が高めになったとしても競争できるんじゃないかと考えた。それからいろいろな素材を取り寄せて試してみた。でも、どれも重たかったり曲げられなかったりで、なかなか良い素材が見つからない。そんなときにインターネットで「特殊耐熱クロス」という布を見つけた。早速取り寄せて試してみた。

「地面において燃やすとすぐに破れてしまうんですが、宙に浮かせればけっこう持つこと

がわかったんです。それで、縫って作ったルー
プにワイヤーを通して四隅に吊るす方法を考
えて。使い方によるけど100時間は持つなと」

　これまでの既成概念にないこの発想は面白
い。そう感じ、すぐに試作品を持って自転車で
旅に出た。実際に10泊くらい使ってテストし
た。帰ってミシンで火床を10枚自作し、アウ
トドアイベントの片隅で売ってみたそうだ。
「いろんな人づてを辿って紹介してもらった、
PAAGO WORKSの斉藤さんを頼って、手伝う
代わりにという名目で隅っこで売らせても
らったんですが、持っていった10個がすぐに
売り切れたんですよ。布製の破れる焚き火
台ってことで、受け入れられるかわからない
し、リスクもあるなと思ってたんですけど。そ
れで、これに賭けてみようと」

　結局、初商品であるワイヤフレームの開発
には2年ほどかかった。その甲斐もあり、無事
に特許も取れたそうだ。その後いくつかのメ
ディアでも取り上げられ、モノラルとワイヤ
フレームの認知度は上がっていった。販売経
路とともに生産背景も開拓し、地道に商品数
も増やしてきた。いまではニーズに合わせた
焚き火台が4型、それにナタやペグ、スカイ
フィルムという空色のタープも数種類ライン
ナップされている。そのどれもが"マイクロ
キャンピング"を体現している。
「小さなブランドは、ちょっと変わったこと
をして差別化していくことが大切だと思って
います。ほかがやらないことをやるっていう
か。僕がそういうことが好きっていうのも大
きいですが」

　ブランドを10年やってきてさまざまなこ
とを学んだという。デザイナーとしてさまざ
まな分野で商品開発に関わってきた経験から、
いろいろな発想やフィードバックも得られた
そうだ。そんな角南さんにこれからの展望を
聞いてみた。

ワイヤフレームライトの脚部。つくりも工程もより
凝ったものになり、クロスした付け根部分は、砂とワッ
クスによる砂型鋳造を取り入れた。サンドブラストの
ような、ざらついた表面加工に。

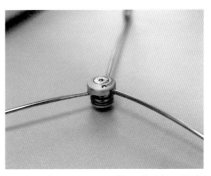

最軽量を目指したフェザーの脚部。三角形なのが肝だ。
さらに軽いものをとの要望と、ULシーンへの回答に
なったプロダクト。ゆるくカーブした脚部の素材と形
状にクッション性も持たせている。上級者向けだ。

これまでの知見をすべて注ぎ込んだ最新作、ワイヤフ
レーム ソリッド。アルミダイキャストを初導入し、精
度も剛性も上がった。接合部に埋め込まれたピンが、
カチッという接合の感触を出している。

ライトは、前作の無駄を削ぎ落とし、重量、体積比とも
に65%を実現。オプションの五徳は付けられないが、さ
らに軽量・コンパクトになり、ジャケットのポケットに
入れられる収納サイズだ。

ソリッドの脚部。接地面を出して安定性を上げている。ど
こか自転車のパーツのようにも見える。接合部分に使わ
れているネジは、実際に自転車でも使われているものだ
そうだ。

ワイヤーの五徳と接合部。砂型鋳造のセンター部品にワ
イヤーを曲げて組み合わせた、無駄のないデザインだ。
土台部分に予めあけてある穴と接合させることで保持さ
れ、クッカーなどをおいて調理ができる。

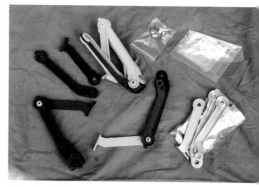

ソリッドの試作品。3Dプリンターでパーツを出力し、サン
プルを作ってテストをし、何度かブラッシュアップした後
に、鋳造用の金型を製作した。息の長い開発工程だ。発売
時期がコロナ禍で遅れてしまったのが残念だったそうだ。

「総合アウトドアブランドを目指しているの
で、今後はテントも作りたいですね。もっと大
きな、ファミリーで使えるような焚き火台も
開発しています。それと、実はもうすでに、フ
レームがすべてチタン製のマウンテンバイク
も作っています」

「これからは共創マーケットってことがい
われていますよね。SNSでコミュニティを
作ってそこで売るみたいな。でもモノラルは、
技術に裏打ちされた独自性と、オリジナルな
発想力を大切にした、プロダクトアウト（自社
の技術や方針などを優先して製品を開発す
る）ブランドとしてやっていきたいですね。そ
れと日本発の、世界で売られて知られるよう
なブランドにしていきたい、と思っています」

世界中のマニアックなアウトドア好きから
一目置かれる、そんなブランドになる日も近
いのかもしれない。これからも要注目だ。

グリップスワニー G-1 グローブ

GRIP SWANY / G-1

おしゃれキャンプを気どっても、キャンプは基本的に体力勝負の汚れイベント。薪を割り火を焚きつけダッチオーブンを操るには、手先をいたわる頑丈なグローブがありがたい。アメリカのカリフォルニア・ゴールドラッシュのなかで生まれた採鉱用の牛革グローブ「グリップスワニー G-1 グローブ」。現在、日本で製造販売を請け負う「スワニー販売」3代目の三好さんにお話をうかがった。

Iconic Camping Gear

10

アウトドア用グローブ・グリップスワニーのG-1グローブ。薪割りに火おこしと、火に関わる作業をサポートしてくれる。金属製の火吹き棒は熱くなるため、その熱から指を守るにも欠かせないアイテムだ。

アウトドアが進化しても やはり手元は保護したい

ソロキャンプ、おしゃれキャンプ、果てはリゾートホテルと変わらない体裁のグランピング……。昨今のアウトドアシーンはなにかと「小ぎれい」化が喧しい。都会のマンションと大差ない夜、電源サイトで子どもはスマホ遊びに興じている。

だが本来、キャンプは「汚れイベント」である。同時に手を傷めかねない事象が頻発するものである。キャンプの一場面一場面、燃え上

がる炎、要領よく薪を割る、ダッチオーブンの熱くて重い蓋を開ければ黄金色のローストチキンが薫り立つ……。これらカッコいい画を手に入れるには、すべて手指を傷めかねない作業が不可欠だ。だからこそ、手先を保護するグローブ、手袋はありがたい。その手袋は物理的に手を保護する強度に耐熱性、そして最も大切なことは、5本の指が自在に動く柔軟性。それらの必要性をすべて兼ね備えた、アウトドア用のグローブこそ「グリップスワニー」のG-1グローブである。鮮やかな黄色の手袋。柔らかな牛革の躯体は手首から5本の指先まで

をしっかり包み、熱に衝撃、アウトドアのアクシデントから確実に守ってくれる。一番の特徴は、鮮やかな黄色のフォルムだろうか。電源サイトを離れたフリーサイトの夕闇、焚き火の炎に映えて夜目にも目立つ。

世界を熱狂させたゴールドラッシュはジーンズと手袋を生んだ

グリップスワニーは、1848年に生まれた。その年はアメリカ西部開拓史のターニングポイントだった。その年の1月、現在のカリフォルニア州サクラメントの小川で、製材所の作業員が川底で光り輝く何かを発見した。分析の結果、それはまぎれもない黄金であることが判明した。たちまち噂は広まり「一攫千金」を夢見る者たちがアメリカ中から大挙して押し寄せることになる。

船や幌馬車で幾千里の行程を経てカリフォルニアに降り立った男たちは、川底を掘って砂利や砂を盆に取り、洗い流すことを繰り返す。運がよければ洗い流す砂利の一番底に砂金が溜まる。だが労力をつぎ込んでも「一攫千金」の恩恵にあずかったものは一握り、大半の砂金取りはわずかな恵みを酒場で散在し、夢破れてカリフォルニアを去るしかなかった。だが、「ゴールドラッシュ」で確実に儲けた者もいた。それは各所から集る山師たちに宿泊場所や生活必需品を提供した者たちだった。

その筆頭がかの「ジーンズ」である。当時、採鉱にあたる男たちの目下の悩みは、「重労働で作業着がすぐに破れてしまう」こと。そこで「砂金取りのための衣類」を商っていたドイツ系移民のリーヴァイ・ストラウスは、元来はテントや馬車の幌に用いられる頑丈な綿布を素材に、リベット（鋲）で補強したズボンを考案した。これこそ「リーバイスのジーンズ」の起

源である。

さて、今回の主題である「グリップスワニー」。これも砂金掘りの要望に応えて生まれたものだ。採鉱の単調な重労働は、そこかしこに手指を傷める危険性が転がっていた。そこで生まれたのがバッファロー（アメリカ野牛）のなめし革のグローブだった。時に1848年、「ゴールドラッシュ」の発端から1年以内、「大衆のニーズに応えた」発明である。程なく素材は、肌触りのよい牛革に改められた。さてグリップスワニーのグローブは黄色い。闇の中でもハッと目に留まるほど黄色い。これも採鉱者のための心遣いである。当時は電気もない時代、ましてや山中の採掘現場となれば、照明はランプか焚き火の炎程度の乏しいものだった。闇の中で大切な道具を取り落とせば、

ファイヤースターターによる着火。マグネシウム製の本体を鉄片で素早く削ることで火花が生まれ、繰り返せば炎になる。柔らかな革製ながら衝撃と熱に耐えうるグローブは、発火作業に欠かせないアイテムだ。

G-80 TAKIBI GLOVE

焚き火専用のグローブ。ダッチオーブンの蓋を持ち上げるなど、熱く危険な作業に耐える。表面は牛革製、裏面は綿60％、ポリエステル40％。

G-50 LEATHER WORK GLOVE/MOSS

1.5mm厚の牛革が素材として用いられ、使い込むほどに柔らかく、手になじんでいく。作業用、キャンプ用からバイク防寒まで幅広く使用可能。

G-2B グリップスワニー ライディングモデル

手首の下にベルクロストラップを施し、ライディングの際の風の侵入を防ぐ。手の形状に合わせた立体裁断が採用され、アウトドアツーリングに適している。

そのまま紛失につながりかねない。だが、黄色に染められたグローブだからこそ、かすかな明かりでもなんとか見つけ出すことができるのだ。

　ゴールドラッシュが過ぎ去った後もグローブメーカーとしてシェアを誇るグリップスワニー。1970年代にはそれまで木綿や絹だったグローブの縫い糸を「世界で初めて」化学繊維に変えたことで「ほつれ」を軽減化し、それでもほつれた場合は無料で修理を請け負うアフターケアを導入した。現在でもこのサービスは続いている。金を求める男たちの熱い思いを受け止めて生まれた黄金色の手袋は、時代の流れのなか新たなニーズに応えて世界に躍進する。そのひとつが日本だった。

作業用手袋といえば「軍手」の日本で 牛革のキャンプ手袋は画期的だった

　現在、日本においてグリップスワニー製品を「製造」しているメーカー、「スワニー販売」。代表取締役を務める三好さんは語る。
「スワニー販売の設立は昭和60（1985）年ですが、グリップスワニーとの出会いは1965年でした。祖父の会社で働く父が仕事でアメリカに行った折に見つけて、『黄色い手袋は珍しい』ということで、輸入して販売する運びとなりました。祖父から父に社を引き継ぐときに、ライセンスはすべて日本になりました。ブランドライセンスを買った、という形です」
　昭和中期の当時、「グローブ」といえばまず野球用のグローブが連想されただろう。「作業用手袋」といえばまずは軍手で、革製は想像もつかない。バイク用のグローブも豚革の薄手のものしか存在しなかった。そもそもグローブをする文化がなかったのでは、と三好さんは語る。たしかに昭和戦前期の農産業や山仕

GSP-77 FP CAMP PANTS

難燃ミリタリーファブリックBRAZE SHILELD®を利用
したTAKIBI用パンツ。従来製品より火に強いコットン
100％。インドアでもはけるデザイン性。

GSP-74 FIREPROOF DOWN CAMP PANTS

難燃生地仕様のTAKIBI用パンツだが、内部に最上級のダ
ウンを使用し真冬のキャンプでも温かさを確保。BIGポ
ケットを搭載し、グローブに小物を収納できる。

事を撮影した古写真の中の人物は、みな素手
で鍬を振るい、あるいは刈った稲を取りまと
めている。仕事で分厚くなった手の皮は勤勉
の誇りとしても、冬はヒビやあかぎれに苦し
んだであろう。後に作業用として近代に普及
した「軍手」は手指をケガから守ることはでき
ても保湿効果に乏しく、乾燥肌の苦しみはぬ
ぐえない。そんな折の「牛革性の作業手袋」、衝
撃、保湿、防熱に優れた特性は将来性を見出せ
るものだった。
「でも輸入してすぐ問題に行き当たりまして
ね。やはり欧米人、白人と日本人とでは体格が
異なる。手も大きいし、5本の指のなかで人さ
し指がいちばん長かったりするんですよ。だ
から東京で昭和60年に起業した折、国内生産
に切り替えました。工場は香川県です。今でも
『グローブの街』と呼ばれるくらい、グローブ
工場がいっぱいある。今の東かがわ市あたり

です。以来、いまでもメイド・イン・ジャパンで
す」
　さてアメリカの「本家」の手袋は革が硬く、
「グーパーグーパーもしにくいほど」だったと
いう。そこでなめしの工程を重ね、鹿革同様の
なめらかさに仕立て直した、という。そんな国

GSP-74 FIREPROOF DOWN CAMP PANTSを横から見
る。内部の詰め物はダウン8割、フェザー2割。大小の
ポケットが搭載され、キーやナイフなどの小物、グロー
ブのようにかさ張るグッズが要領よく収納できる。

内生産の売れはじめたのは平成の初めごろ。世はまだバブルの余波が残る第一次アウトドアブーム時代。バイクのブームも重なり、ICIやワイルドワン、あるいは東急ハンズの店頭にグローブが並びはじめた。そして2008年に父親が死去し、母親が会社を引き継ぐ。だがアウトドアブームは去り、当時の「スワニー販売」、内実は火の車だった。悩む母親は、息子である三好さんに会社の廃業を持ちかける。当時の三好さんは歯科技工士で、会社の経営には関わらない立場だった。だが「もったいない」との思いから、歯科技工士を辞め「家業」を継いだ。

苦境のなかで事業を継いだ新社長は「アパレル」に目を向けた

「実家の家業だからやりたいと思いました。勝算はなかったけど、やるからにはなんとかするけど、売れる見込みはありませんでした」

それでも三好さんは市場調査に着手し、これまでのグローブ一辺倒から「アパレル」に視野を広げる。

「マーケティングやデザインは経験がないので、完全に独学でした。もともと洋服は好き、絵を描くのも好きだったので手描きのラフを作りました。でも工場に持っていくにも、仕様書がないとできない。服飾の学校に行っておくべきだった、と思ってます」

手探りのなかでも、予感できることがあった。90年代のアウトドアブームで親に連れられキャンプした子どもたちが成長し、いずれは「第2次のキャンプブーム」が到来するだろう。それならば、こちらから「流行」を作り出せばいい。

「『キャンプウェア』という言葉を作り出しました。スキーにはスキーウェア、海にはスイムウェア、だからキャンプにはキャンプウェア。なおかつキャンプでは焚き火をするので、グローブの耐熱性を推しました」

さて、アパレルとグローブを同時に販売するには、アパレル側にグローブを収めるポケットが必要になる。そのほかのギアも収められるポケットが、グリップスワニーのウェアには備わっている。バイヤーには不評だっ

グリップスワニーとアトモスとクロックスのトリプルコラボ。内部の足首部分は起毛生地、難燃素材のアッパーを組み合わせることで冬にも対応、アッパーカバーを巻き上げれば足の甲の部分にクロックスがそのまま現われる。

グリップスワニーとダナーのコラボモデル「ルクソン」。撥水スエードと難燃性のナイロンを採用し、厚底ながらグリップ力が高く、ロングトレイルにも対応できる。カラビナで装着するポーチ付きの機能的なブーツ。

グリップスワニーのファイヤープルーフGSテント。1人用でサイズは330×190cm、高さ130cm。5.6kgと多少重いのは、難燃、撥水加工を施されたコットン生地を使用しているため。手前の火ばさみや斧もコラボモデルだ。

ひとつひとつハンドメイドで作成した無骨な焚き火台「GSA-69」GS FIRE PIT。重さは約6.9kg、横50cm×縦26cm×深さ20cm。使用時の脚の高さは11.5cm。黒皮鉄を使用し、サイドにはロゴを打ち抜く。

充分な重量のある「GSA-69」GS FIRE PITは、別売りのグリルやプレートを取り付ければ焚き火調理器としても使用できる。鉄製ゆえ使い込むごとに錆びていくが、無骨な経年劣化を重ねるうちに愛着も深まる。

たがキャンプブームの再来を確信するうちに、「山ガール」が人気を博しはじめた。ちょうど東日本大震災から間もないころである。それを契機としてウェアの売れ行きも伸び始める。さらに難燃性の素材を開発すれば、大手のブランドからも「真似」をされるようになった。難燃性ウェアのパイオニアになれた、と三好さんは自負する。

最初に世に出したアパレルはパンツ、これは太ももや尻にかけてハンマーやグローブも収まる大型のポケット付き。やがてグローブとともにパンツが主力製品となる。そして「キャンプ好きの層以外にも売りたい」と、クロックスにダナー、あるいはアシックスなど、様々なブランドとのコラボモデルを編み出すなど多彩に手を広げている。テントに焚き火

ニッポンにもどれ！

アメリカ生まれのGRIP/SWANY

ハードな1日が、いま終ろうとしている。
いくつかのアドベンチャーをのりこえ
サバイバルに生きた男の手に
時にハードに、時にやさしくつつんでくれる。
そんな、おまえに乾杯！
『GRIP/SWANY』
明日は天気になりそうだ！

アメリカで大流行！

今夜のスワニー
からワイルドに溶き容物！
『GRIP/SWANY』
使いこむほどに、手になじむ
皮の感覚がロマンチックな感覚
険心にぴったりフィツト！
●立体構造で手にベストフィット
●デュポン社のKEVLARの採用で従来のより5倍の強度
●縫いしろが外に出るので、手に当たらずとてもソフトなタッチ
●品質／牛皮

アメリカ生まれの
swany
GRIP

グリップスワニー、日本初紹介の頃のポスター。焚き火の前で「ダンディ」な男性が、グローブをはめた手でバドワイザー缶を握りしめる。「アメリカで大流行」のキャッチが時代を感じる構図だ。

台、ストーブも出し、特にテントは抽選で2000人の応募が殺到する大人気商品。パップテントはネットで倍の値が付いた。

「日本でのブームは落ち着いてきたので、これからは輸出に力を入れたいですね。あるいは、自衛隊と共同開発した、特別なグローブがあります。飛行機から海上への降下作戦、ラペリングといって、握力だけで降りて、銃を撃つその作業を『ラペリング』といいますが、自衛隊でも少数精鋭の人しかできない。そのラペリング用のグローブを仕様を変えて一般にも販売したいと思います。パタゴニアにもそう

いうのがありますし」

「引き継いだころはお金が無くて辛かったけど、今は逆に忙しくて休みが無くて大変です。でも苦しいとは思いません。奥さんにも仕事は趣味だねって言われてます」

そんな中でも三好さんは週に4回のフィットネスジム通いで、健康的に職務に励む。

「いずれは実際の店舗を出してみたいですね。人が集まるような路面店ではなくて、住宅街のローカルな場所。『こんなところにあるんだ？』ていう場所にしたい、っていうのを考えています」

モーラナイフ
コンパニオン

Morakniv / COMPANION

近年のキャンプブームの要因を語る上で、キャンプスタイルが多様化
したことは間違いない。ライトなファミリーキャンプはもちろん、より
プリミティブに自然を楽しむブッシュクラフトなど、玄人向けのキャ
ンプスタイルも大いに流行した。多様化したとはいえ、いずれのシーン
にも選ばれている道具がある。それがキャンプナイフだ。そして、ビギ
ナーにもベテランにも等しく親しまれているのがモーラナイフだろう。

ヨハン氏のお気に入りのモーラナイフは、カンスボルのサバイバルキット付きだとか。

日本とスウェーデンの
ナイフへの価値観の違い

　世代によるかもしれないが、包丁以外で触れる初めての刃物といえば、鉛筆削りのために使用する「肥後守」のような折りたたみ式ナイフだった人も少なくないだろう。そのほか、図工や技術で彫刻刀やノコギリなどに触れるまでで、自宅に農器具でもなければ実生活ではあまり触れることはない。ましてナイフなんて、日本人にはあまりなじみのない道具だったかもしれない。

　ところが、昨今のキャンプにおいて、アウトドアナイフを持ち込むことはかなり一般的になった。一昔前のキャンプシーンでは、ナイフといっても折りたたみ式のツールナイフに付いているもの程度で、薪割りは斧や鉈の仕事だった。それが、いまではキャンプ場のあちらこちらで、ナイフの背を薪で叩いて薪割り（バトニング）をする人を見かける。

　日本のキャンプシーンにこれほどの変化をもたらした存在として、モーラナイフは外せない。スウェーデン生まれのこのキャンプナイフは、多くの日本人キャンパーが1本は持っているような当たり前の存在になった。種類が多いのもモーラナイフの特徴で、複数所有している人も少なくない。

　ナイフにそれほどなじみのなかった日本において、モーラナイフがこれほど溶け込んでいった理由を紐解くため、来日中だったCEOのヨハン氏とサプライチェーンマネージャーのマッツ氏に話をうかがった。そもそも気になったのは、モーラナイフは本国スウェーデンではどのような存在なのか。

ヨハン（以下、ヨ）「モーラナイフは130年の歴史があるのですが、モーラという地域は400年以上ナイフを作ってきた歴史があります。クラシカルなモデルとして赤い木のハンドルのナイフがあるのですが、これが20世紀初めごろにナイフの定番になって、そのナイ

ビギナーからスペシャリストまで、幅広いユーザーに支持されているオールラウンドなナイフ「コンパニオン (S)」。刃厚約2.5mmのブレードを持ち、あらゆるアクティビティで重宝される。

小ぶりなサイズ感がかわいい「エルドリス スタンダード (S)」。長さ59mm、厚さ2mmとコンパクトな刃は見た目以上に切れ味がよく、焚き火や調理に活躍。サブナイフとしてもおすすめだ。

ファイヤースターターとダイヤモンドシャープナーが付属した、究極のブッシュクラフトナイフ「ブッシュクラフトサバイバル ブラックブレード(C)」。ブレードの背をファイヤースターターとして使用できる。

高級マホガニー材を模した特徴的な樺の木の赤く丸い柄を持つ「クラシック1/0 (C)」。刃には長さ77mmのカーボンスチールを採用。さまざまな用途に使えるオールラウンドなナイフだ。

刃幅が狭く、短いブレードは細かい作業がしやすくなっている「ウッドカービング120 (C)」。伝統的な木工工芸品を作る職人も使用しているナイフで、木工作業向き。クラシカルな見た目もいい。

「ユーティリティナイフ」は、キッチン用のナイフで、クラシカルなデザインが特徴。持ち手は丸みを帯びており、握りやすく疲れにくい。重心のバランスがよく長く切っていても心地いい。

スウェーデン中部のモーラ地方は昔から痩せた土地で、農作物があまり取れなかった。そのため、豊富な木材と鉄を利用して家具づくりが盛んになった。その作業に必要な道具としてナイフが作られるようになり、1600年ごろにはナイフの産地として有名な地域になったという。

フをおじいさんの世代からずっと受け継いできており、古くから親しまれています」

　ブランド名であるモーラは地名だったとは。歴史的にも刃物の産地であったモーラが発祥で、その地で歴史が紡がれ続けているという。日本でも備前(長船市)や美濃(関市)など日本刀で有名な地域はある。多くは包丁を生産しているイメージはあるが、アウトドア用のナイフとして見かけることはない。そもそも、日本とスウェーデンとでは、ナイフに対する認識が違うのかもしれない。

マッツ「創業当時は農具や大工仕事など、日常的に使われていることが多かったそうです。釣りや狩りをする人にとっても、いつも持ち歩いているもの、そういう存在がモーラナイフだったのです」

　やはり、日本でいう斧や鉈、鎌のような存在だったのかもしれない。マタギや漁師が携行していた「マキリ」のほうがイメージは近づくだろうか。武具ではなくてあくまで道具とし

ての刃物。われわれにとっての農具との距離感。彼らにとってはそこにナイフがあり、その感覚が受け継がれているのだろう。

ヨ「われわれの作るナイフにはキャンプ含むアウトドア、キッチン、木工などさまざまなセグメントがあります。それぞれに需要がありますが、意外にも数多く出荷しているのは大工さん向けの511というモデルです。大工仕事をする人たちが日々携えているもので、用途によって複数携えている人もいて、服のような感覚で身につけてくれているようです」

　日本人にとってのハサミやカッターナイフくらいの感覚でナイフが語られている。日常から仕事現場まで、広く人々の生活にナイフが浸透していることがわかるエピソードだ。これは一長一短ではなく、長年生活の傍らにナイフが存在し続けたからこそなせるのだろう。

日本人になじみのないナイフが
キャンプシーンで浸透していったわけ

　ナイフとの距離感がそもそも違う日本において、日常の道具としてというより、キャンプ

1920年代には、特徴ある赤い持ち手部分はモーラナイフの目印のようになる。持ち手部分はマホガニーに見えるよう、ニスを塗る前に赤みがかった塗料で染めていたという。その後も独創的なナイフを広く展開していったとか。

という非日常の場で広まっていたのは必然だったのだろう。日本でキャンプがどこかファッションになってきたところでは、薪割りに斧や鉈を使うのはやや古臭い感覚があったのかもしれない。そもそもの道具としてのナイフへの憧れ、使ってみたいという欲求、キャンプという場でのみ許される特別な体験、いろいろな要素がキャンプシーンに集約される。そこに現われたモーラナイフはまさにうってつけの存在でもあった。

　見た目のシンプルさ、親しみが持てるデザイン、豊富なカラーリング。何より価格帯も財布にやさしい。高額で「ガチ感」のあるサバイバルナイフに比べると、幅広い層に受け入れられる要素しかない。ナイフというとある一定武器としてのイメージもあるなか、このカジュアルさは異彩を放っていた。

ヨ「現在は世界70カ国で販売されているモーラナイフですが、日本はわれわれにとって非常に有力な市場です。そして日本という国にこれほど求められていることを光栄に思って

モーラナイフに勤めて13年になる、サプライチェーンマネージャーのマッツ氏。アイスフィッシングも含め、冬のアクティビティを楽しむことも多いとか。ハンティングや料理も楽しむ彼は、クラシックのモーラ2000がお気に入りの1本。

います。なぜなら日本には刃物の歴史があって、品質も素晴らしいことは世界でも有名です。そんな国でモーラナイフがたくさんの人に受け入れられているのはとても誇りです」

　日本にそういうイメージを持っていただいているのはこちらもうれしい。しかし、日本で刃物というと工芸品のような一面もあるが、モーラナイフほど一般化して量産化している商品の、品質を維持するのは難しそうなイメージがある。

ヨ「モーラナイフで働いてくれている人は、勤続年数が長い人が多いです。そこで経験が蓄積されている点がわれわれの強みですね。現在はオートメーション化されていますが、30〜40年勤めてくれていた人たちにスーパーバイザーになってもらって、最初の作業工程からチェックしてもらっています。彼らは一括して製造の流れを把握しているから、後進にたくさんの知識を与えてくれます。大切なのは家族のように価値観を共有すること。製

1891年にモーラ地方の郊外で、モーラナイフの前身となる最初の工場が設立される。職人たちの手で伝統的に受け継がれてきた鋭い刃と握りやすいグリップを量産して組み合わせることで、質の高いナイフを生み出していった。

スウェーデンのダーラナ地方に伝わる木馬。18世紀ごろ、木こりが仕事後に遊び半分で作ったことが由来だとか。子どもたちのおもちゃとして親しまれ、これを自作する際にモーラナイフが使われる。

造方法が変わったとしても、自分たちの先人がやってきたように、ノウハウを引き継いでいくことが大切だと思っています」

130年も続けば時代も人も変わっていくものだが、しっかりと人によってクラフトマンシップが受け継がれている。

最も売れているモーラナイフは日本でもスウェーデンでも同じ

モーラナイフの販売数トップは、コンパニオンというモデル。これは日本でも本国でも同じだそう。汎用性が高く最も初心者に適したナイフで、ここを入り口にエルドリスやガーバーグなど、専門性に特化したナイフへと移っていく人が多いという。スウェーデンでは一家庭に平均10〜15本くらいはモーラナイフがあるようだ。

コンパニオンはなかでも初心者のみならずベテランにも選ばれる一品。キャンプ、ブッシュクラフト、ハンティング、フィッシングなど、どんなアクティビティでも使いやすいと評判だ。なんといっても、このバランスのよいナイフを2000円程度で手にできてしまうところが驚きであり、モーラナイフが日本で広まった大きな要因でもあるだろう。名品だからといって決して相応に高額なわけではない。広くたくさんの人の手に渡って、その良さが伝わっていかなければ、名品と呼ばれる存在にはなり得ないのだろう。

歴史あるモーラナイフ、この先の未来をどのようにとらえているのだろうか。

ヨ「スウェーデンが最も大きなマーケットではありますが、今後は日本も含めた海外での市場拡大を目指しています。そして、サステナブルであることも重要だと思っています。製造はもちろん、部品や素材をできるかぎり

モーラナイフが主宰するアウトドアイベント「モーラナイフ アドベンチャー」。森の奥深くにベースキャンプを設営し、アウトドアでの時間のなかで、カービングやブッシュクラフトなどさまざまなワークショップを通じて自然の中で役立つスキルを学べるイベントだ。

スウェーデンの木工作家ヨッゲスンクヴィスト氏、ネイチャークラフト作家の長野修平氏などによる、木工ワークショップや、アメリカのサバイバルインストラクターのディブ・カンタベリー氏によるブッシュクラフトワークショップも盛況だった。

モーラナイフ・アドベンチャーは、本国スウェーデンでは2017年から始まった。日本では北海道の阿寒国立公園内にあるオンネトー湖で行なわれた。オンネトー湖畔にはモーラナイフの代理店を務めるアンブラージュインターナショナルの施設「UPIオンネトー」の拠点がある。

モーラ周辺で調達すること、いくら低予算だからといって遠く海外から仕入れることをわれわれは望んでいません。なるべく自分たちの周辺で賄えるように、サステナブルな循環を作っていくことが大切だと思っています」

　モーラナイフには、創業一家による大事な約束が記された書面が残っているという。それは、モーラナイフは必ずモーラで製造しなければならない、というもの。これを記した当時にサステナブルを意識していたかはわからないが、品質保持のための約束がいまの時代にもマッチしているということだろう。現在仕入れているステンレススチールも、80%はリサイクルされたものだという。世界市場を見据えながら、地に足をつけた戦略により持続可能な社会にも貢献していくモーラナイフ。こうした戦略や精神は、日本の企業も学ぶところが多いはずだ。

ベテランキャンパーが選ぶ
キャンプの名品

ここで紹介するのはベテランキャンパー自身が思う「キャンプの名品」。
名品とする基準は人によってさまざまあるが、それぞれの選択には
自身がキャンプで重要としているポイントが秘められている。

マクラーレン　ガダバウトチェア

McLaren

出会いはざっと35年ほど前、輸入アウトドア用品の専門店で購入した。当時のキャンプのイスといえば、海釣りで使うような小さな折りたたみイスくらいしかなかったように思う。その小さな座面に身を預ける寂しさたるや……。このガダバウトチェアの登場は日本のキャンプシーンを大きく変えた。英国の散歩とピクニック文化が生んだイスは折りたたむとステッキ代わりとなり、開くと肘掛けをも装備した贅沢な座り心地に驚いた。欧州のバカンスを想わせるストライプカラーも心が躍る。体を斜めにして深く座り、焚き火の前で飲む酒は最高なのだ（そのまま眠りにつくことも）。暑い夏には水辺の中にこのイスを持ち込み、足を水に浸して読書やビールを楽しむ裏技も。席を離れた隙に火の粉で座面に穴をあけられるのだが、それを雨の水抜き穴だと強がるのが当時の慣わしだった。

寒川 一

災害時に役立つアウトドアの知識を書籍、キャンプ体験、防災訓練などを通じて伝えるアウトドアライフアドバイザー。三浦半島を拠点に、焚き火カフェなど独自のアウトドアサービスを展開。監修書に『新しいキャンプの教科書』（池田書店）、著書に『焚き火の作法』（学研プラス）など。

ベアボーンズ　ファイヤーピットグリル30 アジャスタブルレッグ

BARBONES

カタログで見て一目惚れ。僕の焚き火は、焚き火台という概念がない時代の直火が基本。炉は1m径で大きなダッチオーブンを上下と横の熱でも温め、上では木のトライポッドに肉とケトルを下げる。それと同等、いやそれ以上に多機能なのがこのグリル。炉中に12インチダッチオーブンが余裕で置けて直火同様の火加減に。オーバーヘッドストレージのハンガーバーには肉もケトルも下げられ、同時に昇降＆回転網で肉や野菜を自在に直火焼きできる。複数調理が並行してできる夢のグリルである。見た目に反した軽さもあり、ワンボックスに積んでどこでも直火同様の焚き火調理がまた可能になった。直火禁止時代にあってこのグリルは、まさに僕の救世主で名品である。

長野修平

ネイチャークラフト作家。北海道の山菜料理店に生まれ、焚き火と野外料理がある暮らしを実践する。海山の自然物や廃材で、「必要なモノ、使えるモノ」をテーマに生活道具やフィールドツール、自邸に至るまでを制作。山菜食や野外料理にも定評があり、雑誌連載やワークショップなどを通じ表現している。

シグ　イノクサルクックウェア

Sigg

若いころ雑誌で見て高すぎて買えなかった思い入れのあるコッヘルセット。このイノクサルクックウェアは内側がステンレスで外側がアルミ。当時は最後に行き着く一生使えるコッヘルといわれていた。時が経ちすっかり存在を忘れていたんだけど、偶然ヤフオクに出品されているのを発見。安くなかったが当時のあこがれもあったし、何より使ってみたかった。実際に手に入れてみるとパッと見はなんてことない。しかし使ってみるとどうしてなかなか使い勝手がイイ。逆さまでもフタになって皿にもなるフタや、S・M・Lの3サイズもそれぞれ使いやすい。焦げつきにくいし焦げが落ちやすい。黒いボディは焚き火のスス汚れが目立たない。これはもしかしたら本当に一生使えるかもしれない。

A-suke

水道橋のアウトドアカフェ・バー「BASE CAMP」オーナー＆料理人。フライフィッシングやハンティング、キノコ狩りや山菜採りなど、アウトドアと食を結ぶ遊びを中心にさまざまなものに精通している。また元デザイナーという立場を生かし、アウトドアグッズの企画やデザインも生業としている。著書に『THE男前 燻製レシピ77 煙の魔法で自信満々のおいしさ』(山と渓谷社)。

コールマン　フェザーランタンModel229

COLEMAN

燃料はホワイトガソリンで注入が面倒くさいし、ポンピングやマントルを交換しなきゃいけないし、エアーを足さないと元気に明かりを発してはくれない。でも、点火時のシュゴーッという暴れん坊な音と強い熱を帯びた明かりは、視覚的明るさだけではない安心感を今もくれる。－10度の夜でも、強風でも、いつも明かりを灯してくれ、炙りスルメを僕にくれた。普通のガソリンランタンよりもコンパクトなのに、重厚感があるこの形がいつでも身を守ってくれるような気がする。いくつもの夜を共にしてきた相棒だ。

長谷部雅一

株式会社ビーコン代表取締役であり、アウトドアプロデューサー。プロジェクトの企画・コーディネート・運営のほか、研修講師、ネイチャーインタープリター場づくりの仕掛人も務める。親子や子ども向けのプログラムでは、ナイフと焚き火をメインにしたプリミティブなキャンプの方法を伝え続けている。主な著書に『ブッシュクラフト読本』(メイツ出版)。

シアトルスポーツ　フロストパック　23QT　40QT

SEATTLE SPORTS

外で遊ぼう！ってなったときに、先ず用意するのがシアトルスポーツのソフトクーラー。外で遊べば喉も渇くし腹も減る。運動会やキャンプ、釣りにカヤックにとシーンを選ばない。ビニールコーティングされた頑丈なボディ。山でも川でも海でも使い倒せます。1980年代のアメリカ・シアトルで生まれた、世界初のソフトクーラー。シーカヤックやボートなど、水辺のスポーツが由来のブランドだから、完全防水で汚れに強いのも納得。ハードクーラーに保温性では負けるけど、軽くてたためてどこにでも持ち運べる手軽さもグッド。使わないときは軽く洗ってよく乾かしましょう。

見城 了

フォトグラファー、プロダクトデザイナー、アウトドア雑貨ブランド主催、ライター業など。著書に『BUSHCRAFTERS』(山と溪谷社)。田舎の山をきれいに整えてキャンプできるようにしたいけど、時間が作れないのがもっぱらの悩み。

モステント　アンコール

MOSS TENT

いまさら私がどうこういう前に、モスのアンコールといえば名品に違いないわけですが、やはりその張り姿の美しさは格別。それでいて家族4人で就寝可能、かつ立って着替えられる高さもあるという、使い勝手に優れている点も兼ね備えているところが素晴らしいです。また個人的にこのテントを気に入っている一番の理由は、中で横たわった際に天井に魚座型フレームが織りなす美しい曲線美を見ることができるところ。外から眺めても中から見上げても美しく、なおかつ使い勝手に優れ、モステントというブランド力により所有欲も満たされるとなれば、これは名品以外の何物でもありません。唯一の欠点はキャンプ場で目立ちすぎて、寄ってくる人の対応をしなければならないことでしょうか。

アクタガワタカトシ

クリエイティブディレクター。アウトドア、スポーツ、ファッションを軸に、コンテンツ制作やプロダクトデザインなどを手がける。『GO OUT』で「LOOKIN` BACK ON TRAIL」連載中。

オンウェー　コンフォートローチェアプラス

ONWAY

「キャンプ中、腰が痛くなってしまって……、長時間座っても疲れないキャンプのチェアってありますか？」と聞かれて、うなりつつも出た答えがこの「オンウェー」のチェア。コンフォートローチェアプラスはなかでも、キャンプシーンを極上にしてくれる、わたし的No.1チェアだ。スウェード生地でつつまれたクッションのおかげで、座った瞬間の心地良さはまるでお布団のよう。生地が滑ることもなく安定しているのもいい。これにオットマンを追加するともはや高級ソファに大変身。デザイン性もシンプルで使いやすい。家においてもキャンプ用には見えないかも？

こいしゆうか

キャンプコーディネイター、イラストレーター、漫画家。プロダクトデザイン、キャンプ場のプロデュース、メディア出演などが主な活動。一方漫画家として、キャンプだけに止まらず趣味にまつわる入門書漫画を多数執筆。主な著書『カメラ、はじめます！』『わたしでもスパイスカレー作れました』(サンクチュアリ出版)『ゆるっと始めるキャンプ読本』(KADOKAWA)などがある (累計36万部)。

ペトロマックス　HK500

PETROMAX

キャンプを趣味にすると、道具を使いこなせるようになりたいと思うのは自然の流れだ。自分が所持している数多のキャンプ道具のなかでもじゃじゃ馬と呼ぶに相応しいキャンプ道具の名品が、ペトロマックス社製のHK500だ。読者の方でも、アウトドアショップで見たことがある方は多いかと思う。圧倒的な光量と、灯油を使用しているのでランニングコストの安さに魅力があるが、ちゃんとメンテナンスしていないと前回は使えたのに今回は使えないなんてことはザラで、構造と理屈を理解していないとちゃんと使用できない。でもそんなじゃじゃ馬を使いこなせてこそ、真のキャンパーだと信じて使い続けている。

猪俣慎吾

日本全国を走りまわる、キャンプが趣味のフォトグラファー。広告・料理・アウトドアなど撮影分野は多岐にわたり、キャンプコーディネーターとしても活動。星空案内人の資格を取得し、2019年にはテント内で星空観察ができる「プラネタリウムテント」を開発。

コールマン　ファイヤーディスク

COLEMAN

脚を広げるだけのシンプルな構造で素早く設営できるのが最大の魅力。キャンプ民泊NONIWAを運営していると、急に焚き火するぞ！みたいなシーンが頻繁にあります（たとえば、宿泊しているお客さまの隣で一緒に焚き火したりとか、子どもたちが焚きつけを集めてきて着火の実験をしてみるとか）。そんなときに組み立てが面倒なものや、重くて持ち運びが億劫なものはできるだけ避けたい。そういう点ではファイヤーディスクはとても便利なので、気づけばいつもこればっかり使っています。薪を雑に組んでも自然と空気が入り込む構造なので、初めて買う焚き火台としてもおすすめしています。

テンマクデザイン　ボーボーズネスト

TENT-MARK DESIGN

夫婦2人でキャンプする際に重宝しているテントです。入り口が2カ所あるのに加えて、前室も広く夫婦それぞれの荷物を置くことができるのがポイント。またフライとインナーが一体型で3本のポールを通すだけで素早く設営ができるので、設営時間を気にすることなくキャンプそのものが楽しめるのも魅力です。雨天時を考え地面ギリギリまでくるようなフライになっていたり、どんな環境でも対応できるリングの付いたY字の張り綱が付いていたりするなど、細部へのこだわりもすごい。おかげで身軽なオートキャンプから1泊2日の山のテント泊、飛行機で行く沖縄キャンプなど、あらゆるシーンでこのテントを使ってきましたが、どれも問題なく快適に過ごすことができました。

野あそび夫婦

青木達也さん・江梨子さん夫婦は「野あそび夫婦」として活動し、埼玉県ときがわ町にある自宅の一部を開放し、日本初のキャンプ体験型民泊サービス『NONIWA』を経営している。

ムラコ　サテライトファイヤーベース

MURACO

見た目のインパクトも選ぶ基準のひとつにしている。これは両方を兼ね備え、本体である筒状の両サイドのボルトを緩めるとアームが広がり、締めると固定される斬新なギミックになっている。このような構造のものはいままでになく、だいたいがはめ込んだり、広げたりするものばかりだ。パーツがバラけないことでコンパクトに収納でき、折りたたみ傘を持つ感覚で、常時、車に積んでいる。携帯性が高いことで連れ回し、悪天候時でも台が倒れたり、薪の重さでグラついたりしたことはない。見た目よりはるかにタフで安定性が高い。メッシュ素材の火床は通気性がいいことで、燃えさしにならず、薪がしっかり燃え尽きてくれる。

猪野正哉

焚き火マイスター／アウトドアプランナー。元メンズノンノモデルで、ライターでもあり、主に雑誌のライティングやディレクションをし、テレビやYouTubeでは焚き火監修を行なう。TBS『マツコの知らない世界』では"焚き火の世界"で出演し、フジテレビ『石橋、薪を焚べる』『VS魂』では監修を務めた。また各地のアウトドアイベントでは焚き火ワークショップを行なっている。著書に『焚き火の本』『焚き火と道具』（山と溪谷社）がある。

コラプズ　2-in-1 Water Carrier & Bucket

COLAPZ

ウォータージャグといえば、ハードタイプのものは収納時にかさ張るのがネック。登山用などのソフトタイプは収納しやすいけど安定感がなかったり容量が小さかったり。このCOLAPZのウォータージャグはこれらの悩みを解決したちょうどよいソフトタイプ。保冷力はないが、簡単に折りたためるだけでなく、安定感もあり、8ℓと手洗いにも食事にも使うには充分な容量。軽いのでちょっとしたバケツとしても使える。カラーもアースカラーがあり、自分好みのオリーブグリーンのカラーがあるのも魅力。ウォータージャグの新定番になりそうな予感。

千秋広太郎

株式会社ソトレシピ代表取締役。アウトドアライフ・プラットフォーム「ソトレシピ」を運営するほか、イベントやテレビ出演、YouTubeチャンネル「ソトレシピTV」など多岐にわたって活動。著書に『本当においしいメスティンレシピ』（メディアソフト）、ソトレシピ監修『キャンプレシピ大全』（新星出版社）などがある。

編集部厳選!!
キャンプの名品カタログ

キャンプで使い込むほど体に馴染み、気づけば頼れる相棒になる。愛おしさが溢れてくる。
そんな誰もが認めるキャンプの名品たち、主要ブランドとガレージブランドを交え、
厳選して紹介しよう。

ogawa　ステイシー ST-II

テントの老舗、ogawaが作ったコンパクトツールームテント
の傑作。ソロならこれひとつでゆったりと使うことができ、
広々とした前室は贅沢すぎるソロキャンプをサポートしてく
れる。突出している居住性の高さはまさにogawaの伝統、ロッ
ジテントのつくりからインスピレーションを受けている。ス
タンディングテープからフレームを組み立て、そこにフライ
シートをかぶせる方式は、同社の人気大型モデルのティエラ
シリーズなどと同様で、ロッジテントの居住性の高さとドー
ムテントの手軽さを兼ね備えた「ロッジドーム」というオリジ
ナルのカテゴリを創出するに至っている。
※一般的にロッジドームはツールームと同義

ユニフレーム　ファイアグリル

ビギナーからベテランまで、あらゆるキャンパーから支持さ
れるロングセラーモデルの焚き火台。ファミリーキャンプに
はちょうどいいサイズで、BBQ用の焼き網も付属している。
軽量ながらステンレス製の本体は耐久性が高くタフなつくり。
使い勝手もよく考えられていて、火床がフラットなため薪を
配置しやすいのはうれしいポイント。脚のつくりが秀逸で、広
げると4点でしっかりと本体を支え、ダッチオーブン調理に
も対応する耐荷重の高さ。脚をたためば、火床の中に収められ
てコンパクトな収納を実現する。加えて手に入れやすい価格
と、まさに非の打ちどころがない焚き火台なのである。

スノーピーク　焚火台

現在、おもにオートキャンプでの「焚き火=焚き火台を使うこと」が当たり前のように定着しているのは、スノーピークの焚火台が、キャンプフィールドでのニーズをいち早く察知し、多くのキャンパーの心を動かしたことに起因するだろう。焚火台を使うことで焚き火の片付けがしやすく、調理もしやすい。かつ焚き火によって地面へのダメージを減らす自然への配慮も瞬く間に浸透していった。ワンアクションのまさに「秒」で展開・片付けできる手軽さは圧巻。重厚なステンレス製でちょっとやそっとではヘタレることがなく、一生付き合えるほどのタフさも素晴らしい。専用のオプションアイテムが豊富なのも、じっくりと拡張を楽しめていい。

モンベル　ムーンライトテント

1979年の発売開始以来、現在もメーカーのフラッグシップモデルとして君臨。「月明かりのもとで設営ができる」というコンセプトがあまりにも有名な、A型フレームにインナーテントを吊り下げ式とする画期的な構造を採用した、ダブルウォールテントの名品だ。現在では対応人数に応じて「1」、「2」、「4」と3つのサイズ展開で、カラーは視認性のいいグリーンと、落ち着いたアースカラーのタンの2種がデフォルト。その「1」と「2」には別売りでカモフライも用意されている。2020年に大幅なモデルチェンジが施され、すべての部材を見直して室内空間の拡張、軽量・コンパクト化を実現。旧モデル「1型」と現モデル「1」、新旧同の同人数対応モデルで比較してみると、総重量は約2.3kgだったものがなんと約1.71kgまで軽量化された。

モンベル　スーパースパイラルストレッチシステム採用の寝袋

マミー型寝袋の窮屈なデメリットに着目し生まれた、目から鱗な発想の転換を取り入れたのがモンベル独自に開発した「スーパースパイラルストレッチシステム」。生地の繊維方向を斜めに配置し、ステッチ部分には糸ゴムを使用することで、最大で135%もの伸縮性を実現している。したがって寝袋内ではストレスなく動くことができ、なおかつ体へのフィット感は損なわれず余分なスペースが生まれない。保温性はキープしたまま、窮屈感のない快眠をサポートしてくれる。

コールマン　54QT スチールベルトクーラー

1954年、コールマンのハードクーラーの原点ともいえる無骨なスチール製ハードクーラーが発売された。別名アイスクーラーと呼ばれるほど高い保冷力が売りの、初期のスチールベルトクーラーだ。どれほどタフかというと、ある日事故で炎上した車の座席には燃えずにスチールベルトクーラーが残っており、フタを開けてみるとなんと氷漬けのエビがそのままの状態だったという伝説的なエピソードを持つ。その信頼性の高さに加えて、シンプルなフォルムは多くのキャンパーに愛され続けている。誕生50周年を記念した限定モデルを発売したり、常に豊富なカラーラインナップで所有欲を刺激する。

コールマン　413H パワーハウスツーバーナー

ホワイトガソリンを燃料とするオートキャンプ向きのツーバーナー。1923年に前身となる「キャンプストーブNo.1」を発売し、当時からパッケージングができるように設計されていたという。そのシンプルな構造を変わらず踏襲し、現在もコールマンを代表するロングセラーモデルとして人気を博している。本体のグリーンと燃焼タンクの赤を組み合わせたカラーリングは唯一無二の存在感を放つ。寒い時期の使用や連続使用時でも火力が低下せず、一年中変わらぬパフォーマンスをキープし、強火からとろ火まで火力のコントロールも自在だ。燃料タンクに空気を送るポンピングという作業も慣れてしまえばさほど苦にならないし、風の心配がないときには思いきって風防を外してみると、テーブルトップで鉄板調理などにとてもいい。使えば使うほど、万能さがわかるバーナーである。

キャプテンスタッグ　鹿ベンチ（アルミ背付ベンチ）

ワンアクションで展開・撤収が可能な背付きの2人掛けベンチ。比較的リーズナブルながら簡単に扱えて使い勝手がよく、かつシンプルなデザインがキャンパーから大好評。「アルミ背付ベンチ」が正式名称ではあるが（ただし頭に「CS」や「キャンプアウト」などシリーズ名が入る）、キャプテンスタッグ製品を愛するキャンパーによって親しみを込め、ブランドイメージの「鹿」から取った鹿ベンチの呼び名がすっかり浸透。Webで「鹿ベンチ」と検索をかければ多数の製品サイトへのアクセスが容易なほどだ。

ロゴス　アイアン囲炉裏テーブル

日本に古くからある屋内型の囲炉裏にインスパイアされ、キャンプで焚き火台を囲むための耐熱テーブルを開発。現在では当たり前のように広く浸透している「囲炉裏テーブル」という名称だが、元祖は製品名にもあるとおりロゴスだ。火のすぐそばにカップや食器類を置ける利便性はもちろん、火に極端に近づけないバリケードの役割も果たすこともあり、焚き火台との相性はこの上ないほど抜群。囲炉裏テーブルは、間違いなく現在のキャンプスタイルに変革と進化をもたらした逸品である。

ロゴス　ハイパー氷点下クーラーシリーズ

外部からの衝撃に強いシェルプロテクト構造と、取り外し可能なインナー付き。そして表面にはシルバーコーティングを施すことで太陽光を反射する。従来のソフトクーラーの常識を覆し、ハードクーラーのような保冷パフォーマンスを持つ人気モデルだ。サイズは「S」「SL」「M」「L」「XL」のほか、キャスターを搭載した「ハイパー氷点下 トローリークーラー - BA」、縦置きでリュックとして背負える「ハイパー氷点下 クールマスター・リュックXL（カーボン」など豊富なラインナップがある。使用後はジッパーで約3分の1ほどの薄さにたたむことができ、車載や自宅での保管時にはとてもスマートになるのも人気の理由のひとつ。

SOTO　フィールドホッパー

展開は天板を開くだけで脚が自動的に広がり、1秒もかからずにセッティング完了。収納時には脚を押し込む作業こそあれど、これも一瞬でストレスなし。他に類を見ない時短を実現した革新的なミニテーブルである。展開時の天板はA4サイズで、荷物の少ないソロキャンプを楽しむ際には絶妙に便利。素材は天板がアルミで脚はステンレスなので耐熱性はある程度あり、熱い鍋を置いても問題ないし、焚き火のそばでも大丈夫。収納袋を含まない本体のみで約395gと軽量なので持ち運びしやすく、徒歩やバイクキャンパーにおすすめだ。同機構をそのまま採用したLサイズ（展開時の天板はA3サイズ）もあり、重量は増すが人数やシーンによっては重宝すること必至。

SOTO　スライドガストーチ

SOTOのスライドガストーチは、キャンパーの間で神アイテムとして知られる。その魅力は、耐風性がありとにかく小型であることと、燃料がなくなったらカセットガスやライターガスなどで充填し、繰り返し使える点が挙げられる。2023年4月にはフルリニューアルを施し、さらに使いやすく、故障しにくい仕上がりとなって進化を遂げた。火口のキャップが一体型となり煩わしさがなくなったほか、従来モデルでは火口の下部にあった吸気口が本体の下部へ移動。これにより細かなホコリの侵入を防ぎ、着火しにくくなる不具合の原因を解消している。なにより、火口が伸びるのは焚き火やBBQで着火剤に点火したり、ランタンに火を灯す際など細いところに届くので大変便利だ。

DOD　カマボコテント

人数に応じて複数のサイズを用意していて、1～2名用の「ソロTC」は焚き火との相性がいい、生地にTC素材を使ったモデル。ほかはいずれも厚みのある150Dのポリエステル素材で、3人用が「3S」、5人用が「3M」、さらに7人用が「3L」とそろっている。いずれも構造はシンプルなので設営に迷うことなく、インナーテントを吊り下げた状態でもリビングスペースは高さ・幅ともにゆったりとしたつくりで、室内空間は広々と使える。カラーリングはタン、ブラック、カーキのなかから好みを選択できるのもうれしい（ソロTCはタンのみ）。DODのカマボコテントは、昨今のカマボコ型テントの利便性を多くのキャンパーに知らしめ、新たな定番として定着させた立役者といえるだろう。

NEMO　ヘキサライト6P

オールシーズン、全天候に対応する大型のフロアレスシェルター。スタイリッシュで多用途に使えて、一人でも簡単に設営可能なことが人気の秘訣。設営方法はどれほど簡単かというと、まず生地を広げて6カ所にペグダウンして固定。そこからポールを2本、生地の内側から立ち上げると設営完了。キャンプビギナーでも迷うことはないだろう。使用してみると想像力を掻き立てられておもしろく、展開のバリエーションが豊富なことに注目したい。暑い時期にはサブポールを追加しサイドを開放すればオープンタープのように設営可能。またフルクローズ時でも側面をガイロープで引っ張ることで室内空間を拡張できるので、別でサブポールを数本持っておくとアレンジの幅が広がって楽しい。秋冬のキャンプならソロテントをヘキサライトの中に入れるスタイルもおすすめだ。

サーマレスト　Zライトソル

信頼性の高いマットレスを多数リリースしているサーマレスト。同社製品にはいずれも気温に応じた適応値「R値」をわかりやすく記してあり、一般的なキャンプマットと比較すると値は張るが、いざ使ってみるとその保温性の高さに誰もが驚く。多数あるなかで人気が高く定番として知られるのは、クローズドセルの折りたたみ式「Zライトソル」。展開・撤収は瞬時にできる手軽さで、レギュラーサイズで重量は約410gと超軽量。表面にはアルミ蒸着が施されており、アルミ蒸着されていないモデルより約20％断熱性が向上している。厚さは約2cmとかなり薄いが、凹凸のフォームでクッション性も充分にあり、寝心地は決して悪くない。サッと取り出して座布団代わりにもなる。この素早さがキャンプにおいてなによりも正義といえる。

MSR　ステイクハンマー

中空のアルミボディと屈強なステンレスヘッドの軽量ペグハンマー。軽さが際立つため、ペグダウンをする際のパワー伝達が気になるところだが、よほどの硬い地面でない限りはとても打ち込みやすい。ありがたいのはヘッド部分を下にして自立すること。これだけでテントの設営時にありがちなペグハンマーがどこにあるか探す問題は解消だ。作りはとても頑丈でハードに使ってもちょっとやそっとじゃ壊れないし、とにかく見た目がスタイリッシュなのは持っているだけでもうれしい。地面が硬くて長いペグを複数使うファミリーキャンプやグループキャンプの設営だったら、もっと屈強なハンマーのほうがスムーズにペグダウンはできるのは事実だが、使ってみると大半のシーンで不足に感じることはない実力を持つペグハンマーなのである。

SHO'S　B-6君

町の板金屋さんでありながら、大好きな焚き火を楽しむためにオリジナル焚き火台を制作開始。そんなブランド発足当初は現在ほどSNSが発達しておらず、個人ブログで製作段階を逐一レポート。ユーザーと開発者とのコミュニケーションが密な、ガレージブランドの先駆け的存在として知られる。当初はコンパクト焚き火台「ちび火君」がフラッグシップモデルとしてデビューしたが、のちにB-6の収納サイズにして約18mmの驚異的な薄さを実現した超コンパクトな、その名も「B-6君」が登場。人気アニメの主人公や有名ソロキャンパーも次々と使い、一世を風靡した。専用のグリルプレートも秀逸で、極厚で蓄熱性が高く、贅沢な一人BBQはもちろん、安定性の高い五徳としても機能する。

コールマン　ワンマントルランタン

ホワイトガソリンを燃料とし、マントルという光源が燃焼・発光する燃焼式ランタンの代表格。コールマンのランタンの歴史は古く、ルーツを遡ると創始者のW.Cコールマンが「コールマン・アーク・ランプ」を最初に開発したのが1903年のことだ。その後電気のない農村での需要に応え、1914年に「アーク・ランタン」を開発し販売を開始すると、"真夜中の太陽"と呼ばれるほどの驚異的な明るさに加え、燃費のよさ、安全性の高さも手伝い、農村部のユーザーから絶大な評価を受けたという。以来、変革を遂げさまざまなランタンをリリース。中でも 200Aと呼ばれるワンマントルランタンは長らく普遍のスタイルで、いつしかキャンプサイトを明るく照らす「オートキャンプのランタン＝コールマン」というほど、ランタンの代名詞となった。

フュアハンド　ベイビースペシャル276

1893年、ドイツで誕生した灯油ランタンの名作。荒天時の使用でも風の影響を受けずに安定して灯し続けられることから「ハリケーンランタン」とも呼ばれている。豊富なカラーが用意され、コンパクトな可愛らしいフォルムなので複数使いしたくなる魅力がある。キャンプサイト全体を煌々と照らす光量は持ち合わせておらず、約5Wとロウソクのようなやさしい明るさなので、テーブル上で雰囲気を楽しむような用途に向いている。最大約20時間も燃焼し続けられるため、キャンプなら2晩は余裕で燃料は持つ。比較的リーズナブルなうえ、扱いも簡単なのでビギナーが選ぶ燃焼ランタンとしておすすめ。

富士屋　文化たきつけ

18本入りで約200円と、なんといってもリーズナブルな固形着火剤。安くても実力の高さは誰もが知るところ。オガクズに灯油を染み込ませてあり、マッチやライターでの火つきが一瞬で、火の広がりがとにかく早い。デメリットは、そもそも灯油のニオイが強く、着火後は多少の黒煙が発生すること。1ブロックの燃焼持続時間も短いため、太い薪や湿気っている炭をケチって1本だけで済まそうとするとすんなり着火できるとは限らない。なのでどんどん使うべし。もし余ったらジッパー付きビニール袋などでしっかり密閉しないと、気化して車内に灯油のニオイがこもってしまうかもしれない。できれば一度に使いきることをおすすめする。

バイオライト　キャンプストーブ 2 PLUS

焚き火で発生した熱を電気に変換してファンを回して燃焼効率を上げ、かつ内蔵バッテリーに蓄電も可能とするという、キャンプ道具においてまったく新しい発想を取り入れた小型のストーブ。蓄電量を増量するなどアップグレードが施され、現在では「2 PLUS」と冠されている。小枝や松ぼっくりなどを燃焼させての焚き火調理ができ、それと同時にスマートフォンなどの電子機器への充電も行える（蓄電されたバッテリーは焚き火をしていないときでも充電機として機能する）。オプションアイテムが充実しており、網焼き BBQ が楽しめる「ポータブルグリル」は調理中でも燃料補給口から小枝などを追加できる。また「ケトルポット」はキャンプストーブの上にピタリとフィットし、湯沸かし用のケトルとしてはもちろん、注ぎ口を外せば鍋としても使える。

ミニマルワークス　インディアンハンガー

ミニマルワークスは、シンプルなアウトドアスタイルを提案する、韓国発のアウトドアブランド。インディアンハンガーは、テントやタープで使用されるポールを有効活用して発案された革新的アイテムだ。軽量でコンパクトに収納できるから持ち運びしやすく、展開・撤収も驚くほど簡単だ。小物や調理器具などを吊るすと、視覚的に映えるうえ、実用性も非常に高い。このどこにでも設置できる超絶便利なハンガー、いまや類似品が数多く出回っているが、ミニマルワークスのインディアンハンガーが元祖であることを知っておきたい。カラーはブラックは S・M・L・XL と4サイズで、カモフラージュは M・L・XL の3サイズ展開。テントの中でも外でも、小物を吊るしたり衣類のハンガーラックとして大活躍する名品だ。

ルーメナー　ルーメナーセブン

キャンプギアらしからぬスマートなデザインで、手のひらサイズのコンパクトさ。しかしながら最大 1300 ルーメンの明るさで、キャンプサイトのメインランタンとして充分すぎる実力。置いても吊るしても使えるし、明かりの色は昼光色（ミックス光）、昼白色、電球色と切り替え可能。内蔵バッテリーは 10,000mAh の大容量だからモバイルバッテリーとしても機能……などなど、実用性の高さと洗練されたデザインの良さがウケないわけがない。発売前から目の肥えたキャンパーたちの注目を集め、クラウドファンディングで爆発的なヒットを記録。約2カ月間で目標金額の 1600％ を達成してしまったという。後継モデルのルーメナーツーも発売され、最大光量は 1500 ルーメンとより明るく、さらに防塵・防水機能 IP67 を備えるなど、よりタフなアウトドア環境で活躍する仕様となっている。

ブッシュクラフト　たき火フライパン

ソロキャンプブームの折、自然素材を活用したワイルドなアウトドアスタイルを楽しむ「ブッシュクラフト」も注目を浴びる。その流行りのスタイルとブランド名を同じくする、ブッシュクラフトから発売されたたき火フライパンは薄型の鉄製で、すぐにキャンプで使えるシーズニング済みの本格派。しかし、最も驚きなのはハンドルがないことだ。実は使用する際、ハンドルは現地で調達するという発想が斬新で理にかなっている。まず荷物が減るしかさばらない。そして焚き火ではできるだけハンドルが長いほうがなにかと便利なため、適当な枝（落ちている生木が好ましい）を見つけてナイフで削り、その場で用意をすればいい。

sanzokumountain　mouncol

sanzokumountainは、「心地いいキャンプを、そして心地いい焚き火を」をコンセプトに掲げるガレージブランドで、質実剛健で経年劣化が楽しめる製品を数多くリリースしている。製品はひとつひとつが職人の手により作られていて、なかでも重量級の鉄製焚き火台mouncolは、使い込むほどに味わい深くなる逸品だ。筒状で薪をくべやすく、シンプルながら個性が際立つ。wagaraやバリ島など、複雑な模様のタイプもあり、ゆらめく炎の影を楽しむのも一興。別途、焚火テーブルのderutasと組み合わせれば、調理や湯沸かしもお手のもの。※写真のモデルはmouncolバリ島

SomAbito　ソマチェア

木こりを意味する「杣（そま）」を由来とするSomAbitoのハンティングチェア・「ソマチェア」は、とにかく焚き火に似合うコンパクトなチェアだ。座面には牛革を使い、脚には丈夫なホワイトアッシュを採用していて、一般的なキャンプ向きのチェアとは一線を画すクオリティの高さ。革も木も、使うほどに味わい深くなり自分色に育っていくかのよう。肝心の座り心地は、背もたれがないけれどフィット感が高く疲れる心配なし。一生モノのマイチェアとして持っておきたい魅力があふれている。

Oregonian Camper　ポップアップトラッシュボックスR2

Oregonian Camperは、1960年代後半のアメリカで誕生したファクトリーブランド・Oregonian Outfittersのスピリットを踏襲した、収納ギアに定評のあるブランド。昨今の日本のキャンプシーンにおいて定番になったアイテムを多数輩出しており、なかでも「ポップアップトラッシュボックス」はキャンプ時の利便性だけではなく、カモ柄やモールシステムを取り入れるなどオシャレさも絶妙に組み合わせて大ヒット。「キャンプやBBQではゴミを外に見せない」という文化を広く浸透させたアイテムといえるだろう。

キャンプの名品哲学

2023年10月20日　初版第1刷発行

著　者	CAMP LIFE 編集部 編
発行人	川崎深雪
発行所	株式会社 山と溪谷社
	〒101-0051
	東京都千代田区神田神保町1丁目105番地
	https://www.yamakei.co.jp/

装幀・デザイン	加藤 弾 (gaimgraphics)
撮　影	中里慎一郎 (P47-56、84-85)、見城 了 (P67-74、87-96)
カバー写真	小山幸彦 (STUH)
校　正	戸羽一郎
撮影・編集・執筆	渡辺有祐 (フィグインク)
編　集	久田一樹 (山と溪谷社)
執筆協力	原田晶文 (P9-18、29-36)、角田陽一 (P47-56、77-86、97-104)、見城 了 (87-96)、藤原 聡 (120-127)
印刷・製本	株式会社光邦

〈乱丁・落丁、及び内容に関するお問合せ先〉
山と溪谷社自動応答サービス　TEL 03-6744-1900
受付時間／ 11:00-16:00 (土日、祝日を除く)
メールもご利用ください。
【乱丁・落丁】service@yamakei.co.jp
【内容】info@yamakei.co.jp

〈書店・取次様からのご注文先〉
山と溪谷社受注センター
TEL 048-458-3455　FAX 048-421-0513
〈書店・取次様からのご注文以外のお問合せ先〉
eigyo@yamakei.co.jp